暮らす英語

日本ワーキング・ホリデー協会　監修

OpenGate

はじめに

留学やワーキングホリデー、駐在などで日本を離れる日が近づいてくるにつれて、海外での新しい生活に対するワクワクと不安が同時に押し寄せてきます。特に、英語は日本でも触れる機会が多いので、ふとしたタイミングで「知らない単語が出てきた！」「なんて言っているか全然聞き取れなかった！」といった出来事に遭遇してしまうと、「ほんとに現地でやっていけるかな…？」と一気に不安になってしまいます。

このような相談を留学経験者にすると、「大丈夫、行けば何とかなる」というアドバイスが返ってきがちです。もちろん、たとえ英語がまったく話せなかったとしても、「なんとかなる」のは事実です。しかし、事前に準備ができていれば、「なんとかなった」を「しっかり対応できた」という『ポジティブ体験』に変えることができるんです。そして、その経験から得られる自信は、あなたをさらに成長させます。

この本では、留学やワーキングホリデーなど、海外での暮らしを経験した方の声を参考に、**海外で生活していた時に遭遇した「英語で困った」シチュエーションやトラブル事例ごとに、使えるフレーズや英単語を紹介**していきます。海外に渡航する前にこの本に出てくるフレーズや知識を少しでも頭に入れておくだけで、『ポジティブ体験』を実感できるチャンスが格段に増えるでしょう！

あなたの海外生活が、最高の経験になりますように！

もくじ

Chapter 1　海外生活初めの一歩

Chapter 2　毎日がハプニングの連続

本書の構成

本書は、海外生活で出会う、「英語で困った体験」やトラブル事例をシチュエーションごとに紹介しています。家を借りたり、銀行口座を作ったり、仕事を見つけたり…ワクワクする一方で、なんとなく不安に感じている人も多いと思います。「海外生活で何が起こるのかわからなくて心配…」という方も大丈夫。本書では、海外で出会ういろいろな事例をマンガでシミュレーションできます。

それぞれの Chapter は次のような内容になっています。

Chapter 1

空港に到着してから、暮らしを整えるまでの中で出会うシチュエーションを紹介しています。

Chapter 2

日々の暮らしの中で出会うシチュエーションを紹介しています。

Chapter 3

留学やワーキングホリデーなど、海外生活経験者のリアルな体験談を紹介しています。

Chapter 4

英語での野菜の呼び方や単位の一覧など、知っていると役立つ便利な情報をコラム形式で紹介しています。

各セクションの構成は次のとおりです。

🎧 マークがついている項目には、音声を収録しています。

＊ Chapter 3 は①②のみの構成です。

①英語での失敗例・トラブル事例

海外生活で出会う英語での失敗例やトラブル事例をマンガで紹介しています。

巻末にマンガの日本語訳をまとめています。

②解説

「どうして困ったことになってしまったのか」「どうすればよかったのか」を解説します。

Chapter 3 の解説で紹介しているフレーズは、「フレーズ一覧」で音声を確認できます。

③こう言ってみよう！ 🎧

マンガのシチュエーションで「こう言えばうまくいく」フレーズを紹介しています。

④ Dialogue 🎧

「こう言ってみよう！」で紹介したフレーズを使った場合の会話例です。

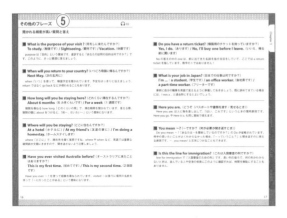

⑤その他のフレーズ 🎧

同じようなシチュエーションで使えるいろいろなフレーズを紹介しています。

⑥使える Vocabulary 🎧

その他、知っていると便利な語句を紹介しています。

⑦成功例マンガ

うまくいったパターンをマンガでシミュレーションします。
成功例のマンガも、巻末に日本語訳をまとめています。

⑧お役立ち情報

知っておくべきこと、気をつけるべきことなど、海外生活で役立つ情報を紹介しています。

音声について

本書では「こう言ってみよう！」「Dialogue」「その他のフレーズ」「使える Vocabulary」「フレーズ一覧」に音声を収録しています。 🎧 マークがある箇所のトラック番号を確認し、音声をお聞きください。

■スマートフォンで音声をダウンロードする場合
本書の音声は、無料アプリ abceed でダウンロードして聞くことができます。

❶ ページ下の QR コードまたは URL から、無料アプリ abceed（Android/iOS 対応）をダウンロードしてください。

❷ 画面下の「見つける（虫めがねのアイコン）」タブをクリックして、本書タイトルで検索します。表示された書影をタップし、音声の項目を選択すると、音声一覧画面へ遷移します。

❸ 再生したいトラックを選択すると音声が再生できます。また、倍速再生、区間リピートなど、学習に便利な機能がついています。

＊アプリの詳細については www.abceed.com にてご確認ください。

（画面イメージ）

https://www.abceed.com/
abceed は株式会社 Globee の商品です。

アプリについてのお問い合わせ先
info@globeejp.com
（受付時間：平日の 10 時 -18 時）

■PC で音声をダウンロードする場合
弊社ウェブサイトの本書籍情報ページ（https://openg.jp/978-4-910265-02-5）の「パソコンへのダウンロードはこちら」をクリックして、ダウンロードしてください。
お問い合わせ先▶株式会社オープンゲート　TEL：03-5213-4125

Saya（サヤ）

Chapter 1、2 の主人公。
英語はあんまり得意じゃないけど、
はじめての海外生活に挑戦！
パーカーがトレードマーク。

Chapter 1

海外生活初めの一歩

誰だって、初めはわからないことだらけ。

空港に降り立ってから暮らしを整えるまで、

どんなことに気をつけておけばいいのか、見ていきましょう！

空港にて

海外へ渡航するときの最初の関門が入国審査です！　旅行慣れしていないと受け答えが
うまくいかず、テンパってしまいがち。まずは落ち着いて、状況の確認を行いましょう。

Chapter 1

Chapter 2

Chapter 3

Chapter 4

フレーズ一覧

日本語訳

ここが困った！

緊張で慌てたせいで、不審がられて逆に聞かれることが増えてしまった！

　海外を訪れる際、飛行機から降りてまず初めの関門といえば、入国審査です
ね。ルール違反をしている人や、何か悪さをしそうな怪しい人を自分の国に入
れる訳にはいかないので、入国審査官は時として厳しい雰囲気でこちらに質問
をぶつけてきます。サヤのように、答えがわからず慌ててしまったり、間違っ
た内容を答えてしまったりすると、さらに厳しく追及されてしまいます。それ
でもなかなか答えられないと、別室に連れて行かれたり、最悪の場合には入国
できずに強制送還されてしまうなんてことも…。でも大丈夫！　入国審査で聞
かれる質問にはパターンがあります。それらをあらかじめきちんと知っておき、
答えも準備しておけば、落ち着いて対応できますよ！

どうすればいいの？

Check!

Can I check my phone? I have the address here. （スマホを見てもいいですか？住所はそこに書いてあります）

やり取りの最中に黙ってスマホを取り出さずに、許可をもらいましょう。Can I ～?「～してもいいですか？」は許可を求めるときに便利な表現です。May I ～? や Could I ～? も同じように使うことができ、これらは Can I ～? よりもさらに丁寧な言い方になります。

I'm staying here. （（スマホや書類を見せながら）ここに滞在します）

I'm ～ing.（私は～することになっています）を使って、自分の予定や計画を伝えましょう。I'm staying in this country for a year.（1年間この国に滞在することになっています）や、I'm working for ○○ .（○○社に勤務しています）のように使うこともできます。日常会話でもとてもよく使う表現です。

Could you speak more slowly please? （もう少しゆっくり話してもらえますか？）

質問が早くて聞き取れなかったときには、慌てず焦らずこうやってお願いしましょう。Could you ～? は相手に丁寧に依頼をするときにとても便利な表現です。Would you ～? などと言ってもいいですね。more slowly を使って、「今よりもゆっくり」とお願いすることができます。

Dialogue 🎧 02

A : Where will you be staying?

B : Can I check my phone? I have the address here.

A : Sure, go ahead.

B : Well... I'm staying here.

A : Let me see... All right, you can go ahead. Enjoy your stay.

B : Thank you.

A : どこに滞在しますか？

B : スマホを見てもいいですか？住所はそこに書いてあります。

A : もちろん、どうぞ。

B : えーっと、ここに滞在します。

A : 見せてください…　はい、行っていいですよ。滞在を楽しんでください。

B : ありがとうございます。

聞かれる頻度が高い質問と答え

■ **What is the purpose of your visit ?** （何をしに来たんですか？）
To study. （勉強です） / **Sightseeing.** （観光です） / **Vacation.** （休暇です）

　purpose は「目的」という意味です。直訳すると「あなたの訪問の目的は何ですか？」です。このように、さっと簡潔に答えましょう。

■ **When will you return to your country?** （いつごろ母国に帰るんですか？）
Next May. （次の五月に）

　when「いつ」を使って、帰国予定を聞かれています。予定をはっきりと伝えましょう。return ではなく go back などが使われることもあります。

■ **How long will you be staying here?** （どれくらい滞在するんですか？）
About 6 months. （6 カ月くらいです） / **For a week.** （1 週間です）

　期間を尋ねる how long「どのくらいの間」で、滞在期間を聞かれています。答える際、期間の頭に about をつけると、「約～、だいたい～」という意味になります。

■ **Where will you be staying?** （どこに住むんですか？）
At a hotel. （ホテルに） / **At my friend's.** （友達の家に） / **I'm doing a homestay.** （ホームステイします）

　where「どこに」で、滞在先を聞く質問ですね。where や when など、英語では重要な疑問詞が文頭にきますので、聞き逃さないよう注意しましょう。

■ **Have you ever visited Australia before?** （オーストラリアに来たことはありますか？）
This is my first time. （初めてです） / **This is my second time.** （2 回目です）

　Have you ever ～ ? を使って経験を尋ねられています。visited ～ は後ろに場所の名前を伴って「～に行ったことがある」という意味になります。

■ **Do you have a return ticket?**（帰国用のチケットを持っていますか？）
Yes, I do.（あります）**/ No, I'll buy one before I leave.**（いいえ、帰る前に買います）

　No の答えの中の one は、前に出てきた名詞を指す役目をしていて、ここでは a return ticket を指しています。数字の 1 ではありません！

■ **What is your job in Japan?**（日本での仕事は何ですか？）
I'm ... : a student.（学生です）**/ an office worker.**（会社員です）**/
a part-time worker.**（フリーターです）

　事前に自分の職業を英語で言えるように準備しておきましょう。既に辞めてきている場合には、I was a ... と過去形にするとよいでしょう。

■ **Here you are.**（どうぞ（パスポートや書類を渡す / 見せるとき））

　Here you are. は人に物を差し出して、「はい、これです」というときの慣用表現です。Here you go. や Here it is. も同じ意味で使えます。

■ **You mean 〜?**（〜ですか？（何が必要か聞き返すとき））

　Do you mean 〜?「あなたは〜を意味しているのですか？」の Do が省略されています。相手の言いたいことがよくわからなかった場合、「〜っていうこと？」と聞き返すのに使える表現です。〜 , you mean? と文末につけることもできます。

■ **Is this the line for immigration?**（これは入国審査の列ですか？）

　line for immigration で「入国審査のための列」です。長い列の後ろで、何の列かわからないときは、並んでいる人や空港の係員にこのように確認すれば、時間を無駄にすることもありません。

飛行機の遅延 / 欠航

■ My flight is delayed.（飛行機が遅延している）

　my flight で、自分が乗る予定の飛行機の便のことを指すことができます。delay は「〜を遅らせる」という意味の動詞なので、受け身を使って遅れていることを表しています。

■ My flight was cancelled.（飛行機が欠航になった）

　cancel も「〜をキャンセルする、欠航にする」という意味の動詞なので、このように受け身を用いて飛行機が欠航になったことを伝えます。欠航の場合は，すでに決定したことなので過去形となることにも注意しましょう。

■ I missed my flight. What should I do?（飛行機に乗り遅れました。どうしたらいいですか？）

　miss はここでは「〜に乗り損なう」という意味です。万が一乗り損なってしまったら、すぐにカウンターの人に相談ですね。What should I do?（私は何をすべきですか？）と尋ねて指示を仰ぎましょう。

■ Can I get another flight?（別の便に乗れますか？）

　another はここでは「別の」という意味になります。急いでいる場合には、Can I get the next flight?（次の便に乗れますか？）などと尋ねてみてもよいでしょう。

Chapter 1

Chapter 2

Chapter 3

Chapter 4

フレーズ一覧

日本語訳

荷物の紛失 / 盗難

■ I can't find my luggage. （荷物が見つからないんです）

I can't ～ . は「～することができない」という意味になり、ここでは find「～を見つける」を伴って荷物が見つからないことを相手に伝える表現となっています。見つけられないときには、係の人に助けを求めましょう。

■ Excuse me, I think this is my luggage. （すみません、この荷物は私のだと思います）

This is my luggage. と知らない人にいきなり言うと、ぶしつけで失礼な印象を与えてしまうので、このように I think ～をつけて「～だと思います」とするとよいでしょう。呼び掛けるときの Excuse me. も便利な表現ですね。

information	案内所	arrival time	到着時間
boarding gate	搭乗口	on time/scheduled	定刻
ticketing counter	発券カウンター	delayed	遅延
immigration	入国審査	cancelled	欠航
domestic airline	国内線	baggage claim area	
international airline			手荷物受取所
	国際線	security check	手荷物検査
departure time	出発時間		

お役立ち情報

　外国に長期滞在するには多くの場合ビザが必要です。観光ビザ、学生ビザ、就労ビザ、婚約者ビザなど多くの種類があり、滞在できる期間や、通学や就労など滞在中にできることも異なります。入国審査で目的を答える際に、取得したビザと内容が合っていないと、入国拒否や強制送還されてしまうケースもあります。いくつか例を見てみましょう。

観光ビザで入国するのに、「学校へ通う」と伝えて入国拒否！

　短い期間であれば、観光ビザで現地の語学学校などに通学できるケースもありますが、観光ビザで入る場合には、主な目的はあくまで「観光」であると答える必要があります。

ワーキングホリデービザで入国する際に、「仕事をする」と答えてしまって強制送還！

　「ワーキング」という名前がついてはいますが、実は主な目的は「観光」でなければいけません。また、就労先は入国後に決めることになっています。

帰国の意思表示をしなかったために入国拒否！

　不法滞在者を入国させないために、入国審査では帰りのチケットを確認されたり、帰国予定について詳しく聞かれたりします。場合によっては、帰りのチケットを購入するための残高証明を提示することも。こういったことに協力する姿勢を見せないと、入国を拒否されてしまいます。

発給されたビザの期限が違う！

　申請や手続きには問題がなくても、ビザの発給期間が間違っていたり、別の人のビザが貼ってあったりする可能性もゼロではありません。ビザが発給されたら、しっかり確認しておきましょう。

　空港内ではアナウンスが非常に聞き取りにくいので、アナウンスが流れたら「搭乗する飛行機の便名」や「自分の名前」が話されるかどうかを確実に聞き取るようにしましょう。その後同じ内容を繰り返すので、もし自分に関係するキーワードを聞いたら、2回目でそれ以降の内容を聞き取ることに集中します。もし内容を聞き取ることができなかったら、近くにあるサービスカウンターに行って「何についてのアナウンスだったか」を確認しましょう。

ABC Airlines flight 123 departing for Sydney is now ready to check in.

（ABC 航空のシドニー行 123 便は、ただいまよりチェックインを開始いたします）

Passengers are requested to proceed to the check-in counter.

（搭乗される皆さま、チェックインカウンターへお越しください）

ABC Airlines flight 123 to Sydney is now boarding at gate 10.

（ABC 航空のシドニー行 123 便は、ただ今 10 番ゲートよりご登場いただいております）

Attention passengers, this is the final boarding call for ABC Airlines flight 123 to Sydney.

（皆さま、これは ABC 航空シドニー行 123 便の最終搭乗案内です）

Attention to passengers. ABC Airlines flight 123 to Sydney has been delayed due to bad weather.

（皆さまにご案内いたします。ABC 航空シドニー行 123 便は、悪天候のため遅れが発生しています）

ABC Airlines flight 123 to Sydney has been cancelled due to mechanical problems.

（ABC 航空シドニー行 123 便は、機械系統の問題で欠航となりました）

Attention to passengers on ABC Airlines flight 123 to Sydney. The gate has been changed to G11.

（ABC 航空シドニー行 123 便にご搭乗の皆さま。搭乗ゲートが G11 へ変更となりました）

Paging Mr. Taro Tanaka, would you please contact the ABC Airlines counter immediately?

（お呼び出しいたします。田中太郎様、ABC 航空のカウンターまで至急お越しください。）

Passenger Mr. Taro Tanaka, please report to the ABC Airlines counter.

（田中太郎様、ABC 航空のカウンターまでお越しください）

Chapter 1

Chapter 2

Chapter 3

Chapter 4

フレーズ一覧

日本語訳

2 家を借りる

新天地での家探し。ルールや言葉が違うなら、なおさら大変です。海外で家を探す /
借りるときに使える英語フレーズを紹介します。

ここが困った！

知らない制度・単語が出てきてテンパってしまった！

　暮らしに慣れてきたら、ホームステイからシェアハウスなどに引っ越しをする人も多いです。住む部屋というのは、長い時間を過ごす場所なので、選択は慎重に行いたいものです。日本国内で部屋を借りる場合でも、インターネット等で情報を集めた後に実際に足を運んで、部屋の雰囲気だけでなく、周囲の環境などを自分の目で確認する人が多いと思います。それは海外でも同じこと。いえ、初めてで慣れないことだらけの場所だからこそ、予算やその他の条件等が自分にぴったり合ったところを選びたいですよね。決して文字などの情報だけで判断せずに、必ず内見を行うようにしましょう。初めての内見だと、確認しておくべきことを知らなかったり、英語でどう言えばいいのかとっさにわからなかったりします。内見時には、家賃の支払い日やネット環境の有無、光熱費の有無、公共スペースにおけるルール、そしてテイクオーバーなど国・地域ごとのルールについて、質問内容をまとめておくこと。契約に関する重要な話ですので、場合によっては英語が話せる人を頼ることも大事でしょう。

どうすればいいの？

Check!

I want to check the contract details. （契約内容の確認をしたいです）

I want to check ～. （～を確認したいです）という表現を使って、事前に確認が必要なことや気になることは全てクリアにしておきましょう。続けて質問をする時には、What about ～?（～についてはどうですか？）なども便利に使える表現です。contract を payment に変えると、支払い方法の詳細を確認することができます。

What does "takeover" mean? （テイクオーバーとは何のことですか？）

What does ～ mean?（～はどういう意味ですか？）は、海外生活で最もよく使う便利なフレーズの１つですね！　海外の人は言い換えて説明をすることに慣れていますので、わからないことはどんどん質問して、きちんと意味を理解するようにしましょう。Does that mean ～?（～という意味ですか？）と、自分が理解した内容を改めて確認する表現も便利です。

Are there any other fees I have to pay? （家賃以外に支払うものはありますか？）

この質問をしっかりすることで、気がついていなかった追加の支払いが後から発生するようなトラブルは避けられますね。Is this all I have to pay?（これで支払わなければいけない金額は全てですか？）などと言うこともできます。どちらも Yes/No での返答なので、答えを聞き取るのが難しいということもないでしょう。

Chapter 1

Chapter 2

Chapter 3

Chapter 4

フレーズ一覧

日本語訳

Dialogue

 07

A : I'll take this room.

B : Thank you.

A : I want to check the contract details. Are there any other fees I have to pay?

B : Here is the contract. You also need to pay a takeover fee.

A : What does "takeover" mean? It's $800 in the contract.

B : Takeover means...

A :　この部屋を借ります。

B :　ありがとうございます。

A :　契約内容の確認をしたいです。家賃以外に支払うものはありますか？

B :　これが契約書です。テイクオーバーを払っていただく必要があります。

A :　テイクオーバーとは何のことですか？　契約書には 800 ドルとありますが。

B :　テイクオーバーは…

■ I'm looking for an apartment. （（賃貸）アパートを探しています）

I'm looking for ～ .（～を探しています）を使った表現です。自分の希望をきちんと伝えることで、その後のやり取りもスムーズに進められるでしょう。アパートは、イギリス英語では flat といいます。

■ I saw your advertisement on the web. （ネットで広告を見ました）

インターネットで見た物件について、内見を行ったり詳細を聞いたりしたい場合には、このように伝えるとスムーズですね。実際には印刷して持参したりするのもよいでしょう。

■ Is the room still available? （部屋はまだ空いていますか？）

気に入った部屋があっても、空いていなければ意味がないので、早めに確認しておきましょう。available は「入居できる」の他に「利用できる」「入手できる」などの意味を表す便利な単語です。

■ I would like to see your room. （部屋を見に行きたいのですが）

I would like to ～ .（～したいのですが）を使って、部屋の内見を希望する旨を伝える表現です。向こうから提案されなくても、しっかりと希望を伝えて内見を行いましょう。

■ Does rent include electricity, water, and gas? （家賃に電気、水道代、ガスは含まれますか？）

include は「～を含む」という意味です。Is electricity, water, and gas included in the rent?（電気、水道代、ガスは家賃に含まれていますか？）のように、受け身にしても同じ内容を尋ねることができます。

■ Does rent include Internet access?（家賃にインターネット代は込み？）

　インターネットも、生活するのに重要な要素の１つですよね。インターネットの利用料金についても、家賃に含まれているのかいないのか、事前に確認をすることが大切です。

■ Do I pay the rent by cash/bank transfer/direct payment?（支払いは現金 / 振り込み / 引き落としですか？）

　Do I pay the rent by ～ ?（私は～によって家賃を支払うのですか？）を使って、家賃の支払い方法を確認します。ここでの by は、手段や方法を表しています。

rent	家賃	packing	荷造り
deposit/bond	保証金	unpacking	荷解き
utility bill	光熱費	superintendent	管理人
estimate/quotation		landlord	大家
	見積り		

I'll take this room.

Oh!

I want to check the contract details. Are there any other fees I have to pay?

Here is the contract.
You also need to pay a takeover fee.

What does "takeover" mean? It's $800 in the contract.

Takeover means...

お役立ち情報

家を借りるとき、トラブルを避けるために知っておくべき情報を紹介します。

テイクオーバーとは

　アパートなどの部屋に入居する際、前の住人が揃えた家具などを買い取る形で引き継ぐという引っ越しの仕組みです。自分の退去時にも次の入居者へ同じように引き継げば、その分のお金は戻ってきます。ワーキングホリデーや留学時に活用されており、特にカナダで一般的です。一見便利なようですが、金額に見合ったものが揃っていないこともあり、トラブルになりがち！

ボンド金詐欺に注意

　通常、契約時に保証金（ボンド）として家賃2〜3カ月分を支払い、問題がなければ退去時に返金がされます。しかし、内見後ボンド金を支払ったのに、その後連絡が取れなくなるという詐欺が多発しています。不動産会社を通さない個人間のやり取りで発生するため、警察も介入しづらい場合があります。ボンド金を支払う際には不審な点がないか注意し、必ず領収書を受け取りましょう。

内見は必ずしよう

　最近では海外の物件もネットで契約することが可能ですが、内見は必ずするようにしてください。例えば、「女性専用シェアハウス」に申し込んだのに、実際は住人の彼氏が転がり込んでいた、なんていう事例もあります。

海外で一人暮らしは難しい

　ワーキングホリデーや留学の場合、ほとんどの人がルームシェアやシェアハウスを活用します。ワンルームの家賃はそれらに比べて2〜3倍することも多く、いい物件が見つかりにくいということがあります。

3 銀行口座を作る

銀行口座の開設手続きはただでさえ難しいのに、それをさらに英語でするとなると、専門用語も多そうで不安になりますよね。でも、実はそこまで難しく考えなくても大丈夫なんです。

ここが困った！

Chapter 1

Chapter 2

Chapter 3

Chapter 4

フレーズ一覧

日本語訳

「難しそう」という先入観で必要以上に不安になってしまった！

　銀行で口座を新規開設する機会というのは、日本にいてもそう何度もあるものではありませんし、専門用語なども出てきそうで不安を感じてしまうかもしれません。でも、安心してください！　手続きはとてもシンプルですし、難解な単語も必要ありません。この本を使って、基本的な流れや必要書類、そしてキーフレーズを確認しておきましょう。それと併せて事前準備をしておきたいのが、銀行選び。どこの国や地域にもさまざまな種類の銀行がありますので、きちんと下調べをして自分に合った銀行を選ぶようにしましょう。日本に支店や出張所があるのかどうか、国内の支店や ATM の数は多いか、手数料はどのくらいか、日本の銀行とお金のやり取りが可能かどうか、そういったことをポイントに選ぶといいでしょう。場合によっては、英語が話せる人や日本語通訳を頼ることも大切ですね。

どうすればいいの？

Check!

口座開設までの基本的な流れ

1）普通口座を開設する旨を伝える
2）本人確認の書類を提出する（パスポート / クレジットカード / 免許証など）
3）普通口座開設に関する説明を受ける
4）電話番号、メールアドレス、住所を登録する
5）セキュリティーコード（パスワード）を決める
6）キャッシュカードの種類を選択

I want to open a savings account. （普通口座を開設したいです）

「普通口座」は savings account と言い、それを「開設する」ときには open を使います。

I'd like to deposit $5,000 into my account. （私の口座に 5,000 ドルを入金したいです）

「入金する」は deposit を使って表します。

I'd like a debit card. （デビットカードを申し込みたいです）

デビットカードは海外では広く利用されています。現金を持ち歩く必要もないので、便利ですね。

Could you explain that again? （もう一度説明していただけますか？）

相手の説明が聞き取れなかったときには、落ち着いて聞き返しましょう。わからないまま適当な返事をしてしまうことは厳禁です！

Dialogue 🎧 11

A : Hello, what can I do for you?

B : I want to open an account.

A : What kind of account?

B : I want to open a savings account.

A : Okay. Could you fill out this form?

B : Sure. Ah, also, I'd like a debit card.

A : こんにちは。どういったご用件ですか？
B : 口座を解説したいのですが。
A : どのタイプの口座ですか？
B : 普通口座を開設したいです。
A : わかりました。このフォームにご記入いただけますか？
B : はい。ああ、あとデビットカードも申し込みたいです。

■ When's the maturity date?（満期はいつになりますか？）

定期預金の「満期」は maturity date と言います。この maturity date は、契約などにも使うことができ、また「支払期日」を意味することもあります。

■ May I check my balance?（私の残高を確認できますか？）

「残高」のことを balance と言います。仕事やアパートを借りるために必要な場合、certification「証明書」と一緒に使って、"certification of balance" が「残高証明書」という意味になります。

■ Is there a minimum balance requirement?（最低残高に決まりはありますか？）

balance に、「必要要件」という意味の requirement をつけ、さらに minimum をつけることで最低残高について尋ねることができます。minimum requirement を覚えておくと、他の場面でも使えますね。

■ I'd like to make a remittance to Japan.（日本に送金したいです）

遠方への「送金」を remittance と言い、動詞 make と一緒に使えます。I'd like to transfer some money to Japan. や、I'd like to send money to Japan. でも同じ意味を表すことができます。

■ How much is the remittance fee?（送金手数料はいくらですか？）

remittance に「手数料」を意味する fee をつけて、「送金手数料」を尋ねることができます。「振込手数料」は transfer fee、「引き落とし手数料」は withdrawal fee と言います。

■ What is today's exchange rate? （今日の為替レートはどれくらいですか？）

exchange rate で「為替レート」という意味です。「ドルの円に対する為替レート」なら、exchange rate for dollars to yen となります。

■ I lost my cash card/debit card/bankbook. （キャッシュカード/デビットカード/通帳をなくしました）

万が一これらの大切なものをなくしてしまったらすぐに銀行に連絡ですね！ シンプルに I lost ～ .「～をなくしました」を使いましょう。

■ I'd like to close my account. （口座の解約をしたいです）

open を使って開設した口座を解約するときには、close を使います。わかりやすいですね！ 解約には、口座開設時の住所や電話番号などの情報が必要になることもあるので、事前に確認し、準備しておきましょう。

savings	普通預金	exchange	両替
time deposit	定期預金	interest	利息
balance	残高	PIN code/personal ID number	
currency	通貨		暗証番号
commission/fee/charge		remittance/transfer	
	手数料		送金
deposit	入金する	withdraw	引き出す
savings	貯金		

Hello, what can I do for you?

I want to open an account.

What kind of account?

I want to open a savings account.

Okay. Could you fill out this form?

Sure.

お役立ち情報

　働いたり、家を借りたり、ある程度の期間生活をするのに、銀行口座は欠かせないものと言えます。しっかりと準備をして、自分にとって便利に使える口座を開設するようにしましょう。なお、銀行口座を開設した方がいい滞在期間の目安として、6カ月以上と考えておくといいかもしれません。

　次のようなポイントも押さえて、しっかり準備しておきましょう。

銀行口座の種類

　普通口座（savings account）以外にも、定期預金口座（time deposit account）、当座預金口座（checking account）、キャッシュマネジメント口座（cash management account）などがありますが、留学生やワーキングホリデーで滞在する人は通常、開設の条件や利用目的から「普通口座」を開設することになります。

インターネットバンキング

　インターネットバンキングも海外では広く普及しており、多くの人が利用しています。ただ、現地での給与振り込みなどの関係で、インターネットバンキングと普通口座を両方保有しておく方が安心かもしれませんね。

来店予約

　アポイントを取らずに窓口に行った場合、長い時間待たされる可能性があります。電話やインターネットで来店予約ができる銀行もあるので、活用しましょう。

口座解約

　開設した海外の口座を再び利用する予定がなければ、口座は必ず解約してから帰国しましょう。海外口座からの引き落とし、振替、口座解約などは、日本からではできないことがほとんどです。もしできるとしても、必要以上に時間や手間がかかってしまうでしょう。

駅にて

海外でも電車やバスを使った移動が主流です。あなたも「そこで暮らしている人」に
なると、チケットの買い方など自分が尋ねるだけでなく、誰かから尋ねられることも
あります。慌てずしっかり対応しましょう。

Chapter 1

Chapter 2

Chapter 3

Chapter 4

フレーズ一覧

日本語訳

ここが困った！

知らない人から突然声を掛けられて頭が真っ白に…

　海外でも日本と同じように、特に都市部の駅やバス停は人でいっぱい！　観光客もきっとたくさんいますよね。そして、切符やICカードの買い方や使い方、電車やバスの時刻表や路線図が複雑怪奇なのも、日本だけのことではありません。新しく来た人にとっては、さっと理解するのは至難の業でしょう。チケットの買い方や、どの電車やバスに乗ったらいいかなど、近くの人から声をかけられ、尋ねられることもあるかもしれません。特に相手も海外からの観光客であった場合には、お互いの英語がつたないこともあり、そしてまた説明の内容が複雑な場合もありで、なかなかうまく伝わらないこともあるかも…？　突然声を掛けられるという状況に、焦ってしまうということもありますよね。もしも答えに自信がない場合には、一緒に駅員さんを探して声をかけましょう。

どうすればいいの？

Check!

I'll help you. Where do you want to go? （お助けしますよ。どこまで行きたいですか？）

　自分がよくわかっている場所で困っている人を見かけたら、積極的に声をかけられるといいですよね。ここでは where「どこ」を使って相手の目的地を確認しています。What's your destination?（目的地はどこですか？）と尋ねることもできます。destination を使うときには what となることに注意しましょう。

Where can I get tickets/a Metro Card? （切符 / メトロカードはどこで買えますか？）

　「買う」と言いたいときには buy を使ってももちろんいいのですが、get はこのような場合にとても便利な表現です！　Where can I get 〜 ?（〜はどこで買えますか？）と、セットで覚えておきましょう。Where can I get some drinks?（飲み物はどこで買えますか？）などのように使うことができます。

Where is the ticket window/ticket vending machine? （切符売り場 / 券売機はどこですか？）

　「切符売り場」は ticket window、「券売機」は ticket vending machine とそれぞれいいます。飲み物などの「自動販売機」は、vending machine です。最近では海外でも切符ではなく IC カードの利用が広く普及していますが、残りの滞在期間などによっては切符の購入が必要になる場合もありますね。

I want to buy a ticket to 〜 . （〜行きのチケットを買いたいです）

　「〜行きの」は to を使って表します。Is this a train to ○○ ?（これは○○行きの電車ですか？）というように使うこともできます。駅構内や電車内の放送では、bound for 〜で「〜行きの」と言っていることもありますね。英語の車内放送は日本でも流れていますので、聞いて慣れておくのもいいかもしれません。

Could you help me buy a ticket? （切符の買い方を教えてくれませんか？）

　切符の買い方がわからないときには、近くにいる人に助けを求めましょう。Could you help me 〜 ?（私が〜するのを助けてくれませんか？）を使うことで、丁寧に依頼することができます。Could you help me find the ticket window?（切符売り場を見つけるのを助けてくれませんか（＝切符売り場がどこにあるか教えてくれませんか）？）というように使うこともできます。

How much is it to 〜？（〜まではいくらですか？）

切符の値段を尋ねるのであれば、How much is the ticket to 〜？（〜までの切符はいくらですか？）と尋ねてもよいでしょう。IC カードを使う場合などは、このように the ticket の部分を省略した形を使うこともできます。もちろん、切符の場合でもこの形で問題ありません。

Dialogue 15

A：Excuse me. I would like to buy a ticket. Can you show me how to use this machine?

B：I'll help you. Where do you want to go?

A：I want to go to the National Museum.

B：Okay. Please insert money … Oh, hold on. This machine isn't working.

A：What should I do?

B：I'll ask a station attendant.

A：　すみません。チケットを買いたいのですが、この機械の使い方を教えてもらえませんか？
B：　お助けしますよ。どこまで行きたいですか？
A：　ナショナルミュージアムに行きたいんです。
B：　わかりました。お金を入れて…ああ、待って。この機械、壊れているみたいです。
A：　どうすればいいですか？
B：　駅員さんに聞いてみます。

■ Where does this bus/train go? (このバス / 電車はどこ行きですか？)

　行き先を尋ねたいときには、シンプルに go を使います。終着駅を知りたければ、What is the final destination of this bus/train?（このバス / 電車の最終目的地はどこですか？）と尋ねることもできます。

■ When is the next bus/train? (次のバス / 電車はいつ来ますか？)

　when「いつ」を使って次のバスや電車の到着予定時刻を尋ねます。When will the next bus/train come? などと言ってもよいでしょう。

■ It will come in about ～ minutes. (～分くらいで来ますよ)

　in「～以内に」を使って答えます。It will come の部分を省略して、シンプルに in about ～ minutes.「～分くらいで」という風に答えることもできます。

■ Is there a route map/timetable? (このあたりに路線図 / 時刻表はありますか？)

　「路線図」route map や「時刻表」timetable は重要なアイテムですよね。駅構内の案内所などに用意されていることも多いので、聞いてみましょう。

■ Could you tell me how to get to ～ station? (～駅への行き方を教えてくれませんか？)

　how to get to ～で「～への行き方」という意味を表します。このように Could you tell me ～?（私に～を教えてくださいませんか？）と組み合わせて、行きたい場所への行き方を丁寧に尋ねることができます。

■ You need to transfer to A line in 〜. (〜で A 線に乗り換えてください)

「〜に乗り換える」は transfer to 〜を用いて表します。また、電車の○○線は、line で表すことができます。山手線なら Yamanote line となりますね。

■ Where is the information center? (案内所はどこですか？)

「案内所」は information center です。どうしても困ったときでも、案内所に辿り着くことができれば必要な情報が入手できる可能性が高いので、この言い方は覚えておくと便利ですよね。

■ Let's ask a station attendant. (駅員を呼んできますね)

「駅員」は station attendant と言います。自分では答えられない場合には、駅員さんに引き継ぎましょう。

one-way ticket	片道切符		destination	目的地
round-trip ticket	往復切符		delay	遅延
one-day pass	1日券		suspension	運休
bus stop	バス停		reserved seat	指定席
ticket gate	改札口		transfer	乗り換え
exit	出口			

お役立ち情報

　海外の公共交通機関事情には、日本とは異なるポイントがいくつかあります。実際に遭遇して慌ててしまうことのないように、事前に知っておきましょう。

バス / 電車は定刻通りには来ない

　海外の人が日本に来て驚くのが、「バス / 電車が定刻通りに来ること」です。そのくらい、海外の交通機関はなかなか時刻表通りには運行していません。到着が10分程度遅れるのは当たり前です。予約や約束の時間があるときには早め早めに、1本前に乗るくらいのつもりで行動しましょう。

バスには車内アナウンスがない

　長距離バスはもちろんですが、市内を走るバスにも車内アナウンスはほとんどありません。「次はどこに止まるのか」を、電光掲示板や外の景色で把握する必要があります。初めて行く場所でよくわからない場合には、運転手さんに Could you tell me when the bus arrives at ～?（バスが～に着いたら教えてくれませんか？）とお願いしておくといいでしょう。また、降車ボタンを押したのに運転手さんがバス停をスルーしてしまうこともよくあります。そんなときは大きな声で「Excuse me!」と声をかけましょう。

乗り越しは無賃乗車扱い

　日本の電車では当たり前な乗り越し精算ですが、海外ではシステムに組み込まれていないことがあり、うっかり乗り越してしまうと「無賃乗車」として罰金が科せられることがあります。「A駅からC駅まで行く予定が間違ってB駅までのチケットを購入し、そのままC駅へ向かった」というような場合、「B駅まで戻って追加チケットを購入するか、罰金を支払うか」の選択肢になるようです。気をつけましょう！

Chapter 2

毎日がハプニングの連続

やっと慣れてきたなと思っても、
まだまだ日々いろいろなことが起こります。
サヤの失敗を反面教師に、トラブルに備えましょう!

買い物

海外には日本とはまた違う買い物の習慣・ルールがあります。言葉も違うため最初は不安かもしれませんが、基本的なことを覚えればショッピングを満喫することができるようになります！

ここが困った！

Chapter 1

Chapter 2

Chapter 3

Chapter 4

フレーズ一覧

日本語訳

ビビッて意思表示をしなかったために無駄な出費が…

　「海外の接客は日本よりもいい加減」というイメージを持っている人もいるかもしれませんが、実際にはそんなことはありません。こちらがきちんと主張をすれば、それに対してちゃんと対応をしてくれます。何よりもまずは、自分の意思を伝えようとすることが大切。これは買い物に限ったことではなく、あらゆるコミュニケーションの基本ですよね。サヤのように、必要のないものをうっかり買ってしまった場合、その場でそのことが伝えられればベストですが、もしもレジが混んでいるなどの理由でどうしても言い出せなかった場合には、お客様窓口やサービスカウンターのようなところに行って話をしてみましょう。レシートを一緒に持っていくのを忘れずに！

どうすればいいの？

Check!

Can I cancel this item?（この商品の購入をキャンセルできますか？）

Can I ～?（～することはできますか？）を使って自分のしたいことを丁寧に伝えましょう。cancel はカタカナ英語ではイベントなどを「キャンセルする」というイメージが強いかもしれませんが、「取り消す」という意味もあり、このように購入した商品に対しても使うことができます。

I didn't mean to buy this.（これを買うつもりはなかったんです）

"didn't mean to" は「わざとではなかった」という意味を持っています。I bought this by mistake.（間違えて買ってしまいました）などと言うこともできます。

I'd like a refund, please.（返金をお願いします）

I'd（＝ I would）like ～.（～が欲しいのですが）の文末にさらに please をつけることで、とても丁寧にこちらの希望を伝えることができます。refund には「返金する」という動詞もありますが、ここでは「返金」という意味の名詞で使っていますね。

Can I return this item?（この商品を返品できますか？）

return には「返品する」という意味もあり、このように返品を希望する際に用いることができます。Would it be possible to return this item?（この商品を返品することは可能でしょうか？）などと尋ねるのも、丁寧でよいでしょう。

Chapter 1

Chapter 2

Chapter 3

Chapter 4

フレーズ一覧

日本語訳

Dialogue 19

A : That'll be $80 in total.

B : Oh, wait.

A : What's wrong?

B : I didn't mean to buy this. Can I cancel this item?

A : No problem. Then, that'll be $70 in total.

B : Thank you.

A ： 合計で 80 ドルです。
B ： あ、待って。
A ： どうしました？
B ： これを買うつもりはなかったんです。この商品の購入をキャンセルできますか？
A ： 大丈夫ですよ。では、70 ドルになります。
B ： ありがとうございます。

■ Where can I find 〜?/I'm looking for 〜. (〜はどこにありますか？ / 〜を探しています)

　欲しいものが見つからないときには、店員さんに尋ねてみましょう。Where is 〜？（〜はどこですか？）とぶしつけにきくよりも、Where can I find 〜？（〜はどこで見つけることができますか？（直訳））とすると丁寧です。

■ Can I try it on? (試着してもいいですか？)

　洋服を買うときには、なるべく試着をしたほうがいいですよね。try 〜 on で「〜を試着する」という意味です。試着室は fitting room といいます。

■ Do you have a smaller/bigger one? (大きいの / 小さいのはありますか？)

　自分に合ったサイズのものを買うことが重要です。見当たらないときには、店員さんに尋ねましょう。Do you have this in blue?（これの青はありますか？）なども覚えておくといいですね。

■ How much is it? (おいくらですか？)

　レジで慌ててしまったりすることのないように、値札が見当たらないときには、値段についても店員さんに積極的に確認しましょう。

■ I would like to get 10 of these. (これを 10 個ください)

　自分で商品をレジまで運ぶのではない、カウンター越しのお店や、あまり多くの品物を売り場に置いていないようなお店では、こういった表現も便利に使えますね。覚えておきましょう。

Chapter 1

Chapter 2

Chapter 3

Chapter 4

フレーズ一覧

日本語訳

■ I'll pay in cash/by card. （現金 / カードで払います）

　最近では日本だけでなく、どこの国でもさまざまな支払い方法が存在しています。どの方法で支払うか、きちんと伝えられるようにしておきましょう。

■ Do you take cards/VISA/JCB? （カード / VISA / JCB カードは使えますか？）

　クレジットカードが普及している国も多いながらも、小さなお店などでは現金のみの場合もあります。カードが使えるかどうか、事前に確認ができるといいですね。Do you accept credit cards? とも言います。

■ Can I have a bigger bag, please? （もっと大きい袋を貰えませんか？）

　袋が小さ過ぎて持ち帰るのが大変そうな場合には、より大きい袋をリクエストしましょう。Can I に please をつけることで、とても丁寧にお願いすることができています。May I で始めてもよいでしょう。

■ Is it possible to keep these items here for a while?/Can I put these items on hold? （少しの間、商品をここに取り置きすることは可能ですか？）

　取り置きについては、お店によってできたりできなかったりです。このようにしっかり質問してみましょう。ききづらくて離れてしまい、後で戻ったら売り切れてしまって後悔…、なんてことのないように！

cheap	安価	change	おつり
expensive	高価	out of stock	在庫切れ
fitting room	試着室	cashier / register	レジ
shopping basket	買い物かご	checkout	精算
shelf	棚		

shopping assistant

店員

shopping cart/trolley

ショッピングカート

* 注意
名詞は checkout（1 語）、動詞は check out（2 語）

Chapter 1

Chapter 2

Chapter 3

Chapter 4

フレーズ一覧

日本語訳

お役立ち情報

　日本での買い物と海外での買い物と、そこまで大きな差はありませんが、いくつか事前に知っておくといいことをご紹介しておきます。

海外のお店は広い！

　海外のお店は、日本人が思っている以上に広いことがあります。ショッピングモールなどはもちろんですが、一般的なスーパーもとても広くて迷ってしまうなんてことも…。初めてのお店で買い物をするときには、なるべく時間に余裕をもって、可能であればお店や棚の並びを事前に調べてから行くようにしましょう。

「お釣り」と「硬貨」に注意

　露店や小さめのお店だと、細かい硬貨の受け取りを拒否されることがあります（硬貨を数えるのが面倒なため）。そういった場合にはお釣りを受け取ることになりますが、意図的ではなくても計算を間違われることもあるので、お釣りとレシートを受け取ったら確認する癖をつけておきましょう。

不用意な行為は避けよう

　基本的なことですが、列の割り込みや、狭い通路で他人に体をぶつけながら進むなどの行為は絶対にやめましょう！　喧嘩などのトラブルに発展するのはもちろんですが、スリ行為を疑われてしまい警察を呼ばれることもあります。

店員には「please」「thank you」を伝えよう

　日本には今でも「お客様は神様」という考え方がありますが、海外では店員と客は極めて対等な関係にあります。ぶしつけな態度やぶっきらぼうな物言いは避け、たとえたどたどしい英語であっても、気持ちを込めて「please」と「thank you」をきちんと伝えれば、相手もしっかりとした接客を返してくれます。

2 病院に行く

どれだけ注意しても、怪我や病気は突然やってきます。そんな時に自分の症状をどう伝えるか、どんな行動をとるべきかを事前に知っておきましょう。

ここが困った！

普段何気なく使っている症状を説明する言葉、ちゃんと英訳するのって実はかなり難しい…

　病院に行った際、自分の症状をきちんと正しく伝えるというのはとても大切なことですよね。それができないと、間違った診断をされてしまったり、必要な薬を出してもらえなくなってしまったり…。一歩間違えば命にかかわります！　特に、持病やアレルギーがある場合には、最低限そのことだけはきちんと伝えられるように準備をしておく必要がありますね。いつ病院に行かなければならない状況に陥るか、予想することは難しいので、今からしっかり準備しておきましょう！　なお、加入している保険会社によっては、現地での病院の紹介や手配に加えて、診察に一緒に行ってくれるところもあります。保険選びの際にも覚えておくといいかもしれません。

どうすればいいの？

Check!

Chapter 1

Chapter 2

Chapter 3

Chapter 4

フレーズ一覧

日本語訳

My ○○ is/are ×× （○○が××なんです）

　My left arm is broken.（左腕を骨折しています）、My right finger is swollen.（右手の指が腫れています）などと使うことができます。head「頭」、shoulder「肩」、neck「首」、back「背中・腰」、elbow「肘」、knee「膝」など、体の部位を表す単語も押さえておきましょう。

I have ～.（～があります）

　I have a stomachache.（腹痛がします）、I have a high fever.（高熱があります）のように使います。鼻水「runny nose」、「のどの痛み」sore throat なども押さえておくといいでしょう。I'm suffering from ～（～で苦しんでいます）でも同じ意味を表すことができます。

My throat feels scratchy.（のどがいがいがします）

　scratchy は「引っかいたような」や「チクチクする」という意味ですが、「（のどが）いがいがする」というときにも使うことができます。形容詞や副詞などの様子を表すことばを一緒に使うことで、どんな風な感じか、どんな風に痛むのか、ということをより正確に伝えることができるようになります。

I feel tired./I feel like I lack energy./I feel sluggish.（体がだるいです）

　このように「体がだるい」ことを伝える言い方はいろいろあります。体がしんどい時にもパッと口から出るように、自分が使いやすい表現を事前に覚えておくと、いざという時にも安心ですね。

I haven't felt well since last night.（昨夜から体調がよくないです）

　お医者さんに不調を伝える際、「いつから」というのはとても重要な情報ですよね。「～から」を表す since を使って伝えましょう。お医者さんから How long have you had this symptom?（いつからこの症状がありますか？）などときかれた場合には、シンプルに Since last night.（昨夜からです）と答えれば OK です。

I can't explain it in words.（言葉でうまく伝えることができません）

　うまく伝えられない、と思ったときには、無理にごまかそうとせずに、素直にそう言いましょう。間違ったことを伝えてしまうよりもずっといいです。あるいは、このように断ってから、スマートフォンなどを使って言い方を調べてみるなどしてもよいでしょう。

Chapter 1

Chapter 2

Chapter 3

Chapter 4

フレーズ一覧

日本語訳

Dialogue

 23

A : What brings you here today?

B : I think I have a cold.

A : What are your symptoms?

B : My throat feels scratchy, and I feel like I lack energy.

A : I see. When did the symptoms start?

B : I haven't felt well since last night.

A ： 今日はどうされましたか？

B ： 風邪をひいた気がします。

A ： どんな症状がありますか？

B ： のどがいがいがして、体もだるいです。

A ： なるほど。いつからそれらの症状がありますか？

B ： 昨夜から体調がよくないです。

■ **This is my first visit.**（これが初診です）

　カルテの有無などにかかわりますので、病院では初診かどうかというのは重要な情報です。病院での診察についても、このように visit「訪問」を使うことができます。

■ **I have no appetite.**（食欲がありません）

　「食欲」は appetite と言います。すぐに思い出すことができなかったら、I don't feel like eating anything.（何も食べたくありません）や I can't eat anything.（何も食べられません）などと言ってもいいかもしれません。

■ **I feel nauseous.**（吐き気がします）

　「吐き気がする」は nauseous と言います。他に、I feel like throwing up.（吐きたいような気分です）なども使うことができます。throw up で「嘔吐する」なので、I threw up last night.（昨夜吐きました）のようにも使えます。

■ **I was bitten by an insect.**（虫に刺されました）

　海外で種類のよくわからない虫に刺された場合には、強い毒などを持っていることもあるので注意が必要です。腫れや赤みが強い場合には、なるべく早めに病院で診てもらうようにしましょう。

■ **I have a dull ache in my head.**（頭に鈍痛があります）

　dull は「鈍感な」や「（刃物が）切れない」という意味ですが、このように体調にも使うことができます。「鈍い」という意味もあるので、dull ache で「鈍痛」という意味になります。

■ **I'm allergic to ～.**（～にアレルギーがあります）

　アレルギーについて伝えることはとても大切です。I'm allergic to eggs.（卵アレルギーです）のように使います。または、I'm allergic to this type of medication.（この種類の薬にアレルギーがあります）と言って、薬についてのアレルギーを伝えることもできます。

Chapter 1

Chapter 2

Chapter 3

Chapter 4

フレーズ一覧

日本語訳

■ I have a chronic illness called ～. （～という持病があります）

　アレルギーと同様に、持病について伝えることもとても大切ですよね。自分の持病を英語では何と言うのか、事前に確認しておきましょう。asthma「喘息」、anemia「貧血」など、難しい単語が多いのでメモしておくのもよいでしょう。

■ I'm on my period. （生理中です）

　period は「終わり」や「期間」を表す単語ですが、「生理、月経」の意味もあります。このように on を使って表しましょう。

dizzy	めまい	stomachache	腹痛
cough	せき	headache	頭痛
runny nose	鼻水が出る	numbness	しびれ / 麻痺
stuffy nose	鼻詰まり	joint pain	関節痛
sneeze	くしゃみ		
itch	かゆみ	●痛みの種類	
chilly	寒気	severe pain	激痛
sluggish	だるい	cramping pain	うずくような痛み
nauseous	吐き気	dull pain	鈍痛
diarrhea	下痢	throbbing pain	
tinnitus	耳鳴り		ずきずき、拍動に伴う痛み

What are your symptoms?

My throat feels scratchy, and I feel like lack energy.

ゲホ ゲホ

I see. When did the symptoms start?

I haven't felt well since last night.

お役立ち情報

　万が一海外で病院にかかるときのために、覚えておくべきことをいくつか挙げておきます。かからないに越したことはありませんが、転ばぬ先の杖です！

必ず「適した」旅行・留学保険に入ろう

　留学やワーキングホリデーなどで海外に滞在する人は、必ず保険に入るようにしましょう。最近では、クレジットカードに組み込まれている保険だけに加入して海外へ渡航する人も増えていますが、「カバーされる補償が十分かどうか」をしっかり確認し、適した保険に加入しましょう。海外で治療を受ける場合、日本に比べて医療費が高額になるケースが少なくありません。もしも医療費が補償額を上回ってしまった場合、緊急時でも治療が受けられなかった、治療後にとても高額な支払いを請求された、といったケースも度々報告されています。「自分は大丈夫」「渡航費を安くしたい」といった理由で保険に加入しないのだけは絶対にやめてください！

救急車は有料！

　日本と違い、海外では救急車を利用すると料金が発生します。料金は国や地域によって異なりますが、どうしてもの緊急事態でなければ、友人に車を出してもらうなどした方がいいかもしれません。

持病や常備薬がある場合には事前に準備を

　持病や常備薬がある人は、渡航前に英語の診断書を準備しましょう。一般的に、かかりつけの医師に頼むと準備してくれます。薬についても可能な限り備蓄していくのが望ましいですが、薬をあまり大量に持ち出そうとすると入管で止められる恐れがあります。これも事前に医師に相談し、海外で入手できる類似薬などを聞いておきましょう。

3 家のトラブル

気候や風土の違いから、日本と海外では「家」そのものの構造が大きく違います。同じような感覚で住み始めると度肝を抜かれるかも!?

Chapter 1

Chapter 2

Chapter 3

Chapter 4

フレーズ一覧

日本語訳

ここが困った！

自分の常識で物事を考え、文化の違いを確認しなかったために大きなトラブルに…

　アメリカやオーストラリア、そしてヨーロッパの多くの国々ではセントラルヒーティング（集中暖房）が主流です。そんな国では、ヒーターは絶対に消したりせず、冬に常に室温を高いまま保っておくのが常識です。室外機付きの日本のエアコン設備に慣れていると、ついつい「つけっぱなしだなんてもったいない…」と思ってしまいそうになりますが、そもそもの建物の構造が諸外国と日本では異なっているので、日本の感覚を持ち込んでしまってはサヤのように大きな失敗にもつながりかねません。特に住宅に関する事柄には注意すべき点も多いので、大家さんに何か注意をされたら、文化の違いから間違った思い込みをしてしまうことのないように、理由や詳細をしっかりと確認するようにしましょう。

どうすればいいの？

Check!

Why is it so important?（どうしてそんなにそれが大切なのですか？）

　注意や指示されたことがなぜ大切なのか、その理屈をしっかり理解できれば自然とそれに従って行動することができるようになりますし、また応用を利かせることなどができるようになりますよね。恥ずかしがらずにどんどん質問して、教えてもらうようにしましょう。

Please let me confirm what you just said.（再確認させてください）

　注意事項やその理由などがしっかりと理解できたか、少しでも不安が残る場合には、このように言って再度確認をしましょう。自分の言葉で言い換えて相手に伝えることで、間違いに気づいたり、より理解を深めたりすることができますよ。

I am so sorry for what I did.（私のしたことを心から謝ります）

　万が一、無理解や不注意で何か間違ったことをしてしまったときには、素直に謝りましょう。sorry に so をつけることで、深い謝罪の気持ちを伝えることができます。実際に口に出して伝えるときには、so のところを謝罪の気持ちの分だけ強く長く発音しましょう。

I think I broke it.（たぶん私が壊しました）

　ぶしつけに I broke it.「私が壊しました」と伝えるのではなく、I think をつけることで表現を和らげます。「たぶん」と言いたいからといって Maybe などをつけてしまうと無責任な感じに聞こえてしまうので注意が必要です。

Can you explain what happened a little more specifically?（そのことについてもう少し詳しく説明してくれませんか？）

　説明された内容や、あるいは起きた問題などについてきちんと理解できていないと思ったら、必ずしつこく質問しましょう。a little more specifically「もう少し詳しく」と付け加えることで、相手もより親身になって、わかりやすい表現で伝えてくれるはずです。説明してもらった後にはお礼も忘れずに！

Chapter 1

Chapter 2

Chapter 3

Chapter 4

フレーズ一覧

日本語訳

Dialogue

 27

A : This house uses a central heating system. Never turn off the heater on a cold day.

B : Okay, but why is it so important?

A : If you turned off the heater, the pipe would freeze.

B : Wow, I got it!

A : Do you have any other questions?

B : Please let me confirm what you just said.

A ： この家はセントラルヒーティングを使っています。寒い日は絶対にヒーターを消さないでください。

B ： はい、でもどうしてそんなにそれが大切なのですか？

A ： もしヒーターを消したら、配管が凍ってしまうんです。

B ： わあ、わかりました！

A ： 他に質問はありますか？

B ： おっしゃったことを再確認させてください。

■ Is there a 〜/Isn't there a 〜? (〜はありますか？ / 〜はないんですか？)

Is there a wireless Internet connection?（無線インターネット接続はありますか）のように使うことができます。事前に自分にとって必要なものをリストアップしておき、それぞれ有無を確認するとよいでしょう。

■ Can you show me how to use this? (これの使い方を見せてくれませんか？)

機器の使い方などは、大家さんがいなくなってから電話などで教わるのはとても大変です。顔を合わせているときに見せてもらいながら教わるようにしましょう。

■ I think 〜 is broken. Can you fix it? (〜が壊れていると思います。修理してもらえますか？)

借りている家の設備が壊れてしまったときには、まずはなるべく早く大家さんに相談しましょう。I think 〜 . や Can you 〜 ? を使って丁寧に伝えることを心がけたいですね。

■ How much does it cost to fix it? (それを直すのにどれくらいかかりますか？)

壊れたものやその状況によって、費用を誰が負担するかも変わってきますね。自分で負担する場合には事前にしっかりとその金額を確認することが大切です。修理にかかる期間について尋ねたい場合には、How long does it take to fix it? と言います。

■ My neighbor's voice is really loud. (隣人の声がすごくうるさいです)

このようなご近所トラブルについても、まずは大家さんに相談しましょう。トラブルになりやすいので、直接文句を言いに行ったりしてはだめですよ！

Chapter 1

Chapter 2

Chapter 3

Chapter 4

フレーズ一覧

日本語訳

■ **My room smells.**（私の部屋が臭いです）

　内見しただけではわからない問題点が、住んでから出てくることもありますよね。面倒ですが、都度大家さんに相談し、解決していくことが必要です。Something smells bad in my room.（部屋で何かが臭います）などと言ってもよいでしょう。

■ **There's no hot water.**（お湯が出ません）

　お湯が出ないというのは、なかなか困った状況です。I would like this to be fixed by tomorrow.（明日までに直していただきたいのですが）など、期限と共に、せっぱつまった感じで伝えましょう！

■ **The toilet is clogged.**（トイレが詰まっています）

　パイプの構造の違い等が原因で、トイレが詰まりやすい国もあります。もし詰まってしまったら放置せず、大家さんに報告するようにしましょう。「トイレ詰まり」は clogged toilet といいます。

■ **The lights don't work.**（明かりがつきません）

　work には、人間が「働く」以外に、機械類や計画などが「機能する」という意味があります。何か機器が壊れてしまったときには、このように don't work を使うことができます。

leak	雨漏り	electricity outage	停電
water leak	水漏れ	sound leakage	音漏れ
condensation	結露	pets prohibited/pets not allowed	
crack in the wall	壁にひび		ペット禁止
rotting (damage)	腐敗被害	rent arrears	家賃滞納

This house uses a central heating system.
Never turn off the heater on a cold day.

Okay, but why is it so important?

If you turned off the heater, the pipe would freeze.

Wow, I got it!

お役立ち情報

日本と諸外国との住宅事情の違いについて、いくつかご紹介します。

冷暖房の違い

　日本ではエアコンやヒーターを使って部屋の温度を調節しますが、海外には壁付けのエアコンや電気・灯油を使うヒーターはほぼ存在していません。暖房は基本的にセントラルヒーティングとなっており、建物全体の空調が一括管理されています。クーラーに関しては、簡単に設置できる窓に取り付けるタイプのものが主流で、これを各部屋に設置します。どちらも基本的にシーズン中はつけっぱなしにするので、あらかじめ電気代の目安を確認しておきましょう。

天井照明がない

　海外では間接照明が好まれるのか、室内、特に寝室には天井照明が設置されていないことがほとんどです。代わりに据え置き型の照明が2～3個設置されているのですが、人によっては薄暗いと感じるかもしれません。また、天井に火災報知センサーが設置されていることが多いのですが、これに間違えて電球を差し込んでしまう人もいるようです。

海外のお風呂事情

　お風呂に対する認識は、日本と海外で大きく違います。まず知っておかなければならないのは、海外では「水は貴重な資源である」ということです。水の無駄使いを減らすために瞬間湯沸かし器ではなく温水タンクが普及しています。また、浴槽にお湯を張ったり、長時間シャワーを浴びたりしてお湯を大量に消費することは多くの家庭で禁止されています。ユニットバスばかりなのも、これが理由と言われています。日本人とは異なる感覚ですが、現地の人々にとっては死活問題ですし、それが常識なのです。

語学学校探し

ワーキングホリデーの場合、語学学校は日本で申し込みをしてから渡航してもいいですし、現地について見学をしてから申し込みすることも可能です。

Chapter 1

Chapter 2

Chapter 3

Chapter 4

フレーズ一覧

日本語訳

ここが困った！

アポなしで学校見学するにしても、目的を伝えないと通報されてしまいます…

　日本でも最近でこそ「関係者以外立ち入り禁止」とする学校が増えてきてはいますが、これは海外では常識です。学校という場所にいきなり無関係な人がふらふらと入ってきては、不審者と思われて警戒されてしまいます！　お店ではないので、関係のない人が「ただ見て回っているだけ」という行為は、不審がられてしまっても無理はありません。サヤの場合、写真を撮るという行為も怪しさを増してしまっていますね。もしも事前に学校見学の予約が可能な場合には、ぜひしておきましょう。見学ツアーをしてくれることもあります。予約ができていない場合でも、受付などで「入学を検討していて、見学に来ました」という目的をきちんと伝えればOKです。

どうすればいいの？

Check!

Can I observe your school?（学校を見学できますか？）

　まずは見学が可能かどうか、確認をすることが大切ですね。Can I ～? や May I ～? などの許可を求める表現が適切です。「見学する」は observe を使って表します。May I take some photos?（写真を撮ってもいいでしょうか？）などと併せて確認できるといいでしょう。

I am an applicant for admission.（私は入学志願者です）

　なぜ見学をしたいと思っているのか、その理由も明確に相手に伝える必要がありますね。applicant で「志願者」、admission で「入学」という意味です。I'm thinking about applying to this school.（この学校への応募を考えています）などと言ってもいいでしょう。

I'm not a student at this school.（私はこの学校の生徒ではありません）

　相手からすでにその学校の学生であると間違われてしまうと、逆に「見学がしたい」という目的が伝わりづらくなってしまいますよね。このように「学生ではありません」ということを伝えることも大切です。文末に yet「まだ」をつけると、入りたい気持ちも伝わります。

Where should I go to complete the admissions procedures?（入学手続きをするにはどこに行ったらいいですか？）

　admissions procedures で「入学手続き」という意味です。海外の学校は、場所によってはひどく広大です。自分が行くべき場所がどこなのか、それがどこにあるのか、わからなくなってしまうのは（入学後でも）日常茶飯事です。困ったら人に聞きましょう。

Dialogue

A : Hello, can I help you with something?

B : Can I observe your school?

A : Are you an applicant for admission?

B : Yes, I am.

A : Okay, please write your name here and wear this visitor's pass.

B : Sure. Where should I go to complete the admissions procedures if I choose to apply?

A： あの、なにかお探しですか？

B： あ、学校を見学できますか？

A： 入学希望の方ですか？

B： はい、そうです。

A： わかりました、ここに名前を書いて、見学の間はこの入館許可証をつけてください。

B： はい。もしこの学校が気に入ったら、入学手続きをするにはどこに行ったらいいですか？

■ **I want to make a reservation for a school tour.** （学校見学の予約がしたいです）

　可能であれば、事前に学校見学の予約をとっておくといいでしょう。「予約」はレストランなどと同様に、reservation で表すことができます。

■ **What kind of courses do you offer?** （どんなコースがありますか？）

　「どんな種類の〜」を表す what kind of 〜を用いた表現です。せっかく見学に行ったら、いろいろと質問をして必要な情報を集めましょう。

■ **Can you explain which courses I can take?** （どの授業が取れるのか教えてくれませんか？）

　卒業資格や英語力によって、取れるコースや授業が異なる場合もあります。入学後に受けたい授業が受けられない！　ということのないように、事前にきちんと確認しておきましょう。

■ **How much does it cost to take these courses?** （これらの授業を受けるのにいくらかかりますか？）

　金額についても、重要な情報ですよね。入学後に予算オーバーしてしまうというようなことのないように、しっかり確認しておきましょう。

■ **I want to apply for 〜 class.** （〜の授業に申し込みしたいです）

　I want to 〜「私は〜がしたいです」と、自分の希望を明確に伝える表現です。授業に「申し込む」は apply for 〜で表すことができます。

■ Are there any Japanese staff at this school?（この学校に日本人のスタッフは居ますか？）

学校によっては、日本人スタッフがいるところもあります。いざというときに頼りになりますので、不安な人は確認しておきましょう。

■ I don't know what my English level is.（自分の英語レベルが分かりません）

海外での授業の履修に、英語レベルは重要な要素です。学校独自のレベル分けがあることも多いので、自分の TOEFL のスコアなどを伝えてどこに当たるか確認しましょう。別途テストを実施する学校もあります。

■ From when can I join the courses?（最短でいつから授業に参加できますか？）

学校を決めたら、なるべく早く通い始めたいですよね。 From when can I「一番早く」という表現を使っていつから通学可能か、確認しておきましょう。

■ I wonder if I can keep up with the class.（授業についていけるか不安です）

学校によってはアドバイザーがいたりと、サポート体制はさまざまです。不安要素もきちんと伝えて、どのようなサポートが受けられるか確認しておくのもいいですね。

admission	入学	discount/special offer	
graduation	卒業		割引
classmate	クラスメート	application	申込書
enrollment fee/admission fee		entrance examination	
	入学金		入学試験
tuition fee	授業料	decline admission	入学辞退

お役立ち情報

　語学学校の申し込みを日本で行う場合と現地で行う場合、それぞれにメリットとデメリットがあるので、自分に合った方を選びましょう。

日本の場合

　日本には多くの留学サポート企業・団体が存在しており、それらを活用することで日本にいながら海外の語学学校に申し込みをすることができます。一番のメリットは、日本語でキャンパスや授業内容、費用についての説明をしっかりと聞けることでしょう。ただ、実際の学校生活が日本で受けていた説明と違う！　ということ（日本人の学生数が聞いていたよりも多い、など）が稀にあり、それがデメリットといえます。このような違いが発生する原因は、申し込みから入学までの間に環境が変わってしまうことにあります。また、想定していたよりも授業が簡単だった、あるいは難しすぎたと感じる人も多いようです。ただし、多くの場合履修科目の変更などが可能なので、これは大きなデメリットではありません。

現地の場合

　百聞は一見に如かず！　実際に自分の目で見て学校を選び、申し込むことができるのが最大のメリットです。ほとんどの学校が見学を受け入れてくれるので、細部まで見てから決めることができます。デメリットは、日本人スタッフがいない学校の場合には日本語の説明を受けることができないことと、見学できる学校が限られることです。同じ都市内にあればいいのですが、別の都市に学校がある場合そこまで見学に行くのは骨が折れます。また、ワーキングホリデーでは滞在期間が決まっているので、現地に着いてから学校を選んでいると滞在期間を必要以上に消費することになるかもしれません。

学校に通う

日本人は学校のテストを通して言語を学んでいるため、「一つの答え」に固執して発言しなくなりがちです。違う単語やフレーズを使って発言ができるようになると、会話スキルは一気に向上します！

Chapter 1

Chapter 2

Chapter 3

Chapter 4

フレーズ一覧

日本語訳

ここが困った！

ひとつの単語・フレーズが分からなくて、答えること自体を諦めてしまった…

　英語で会話をするとき、言いたいことを表す単語や表現そのもの1つだけに固執する必要はありません。日本語での「ごろごろ」が分からなかったら、「Not much.（特に何も）」や「Just relaxed.（リラックスしてた）」など別の言い方を探してみたり、「Watched YouTube.（YouTubeを見てたんだ）」や「Made noodles.（ラーメンを作ったよ）」など、具体的な回答ができたらよりよいでしょう。

　「What did you do on the weekend?」は一般的な日常会話の話題で、みんな聞いてきます。どのような週末を過ごしたかということを真剣に尋ねられているというよりは、挨拶代わりのような「話題のひとつ」なので、特別なことは何もしていなければ素直にそう伝えるだけでも問題ありません。

どうすればいいの？

Check!

I went to a café/see a movie/eat dinner. （カフェに / 映画を観に / 夕食を食べに行きました）

I went to see 〜. や I went to eat 〜. のように went to に別の動詞を続けることで「〜を見に行きました」や「〜を食べに行きました」といった内容を表すことができます。あるいは、I went to a cafe and met my friend. （カフェに行って友だちに会いました）のように and を使って何をしたかを加えてもいいですね。went to に続く動詞は必ずしも必要ではなく、I went to a movie. （映画に行きました）や I went to dinner. （ディナーに行きました）もよく使われます。

Nothing special. （特に何もしませんでした）

nothing は「何もない」、special は「特別な」という意味で、「特別なことは何もしてないよ」ということですね。あいさつ代わりに、実際にこのように答える外国人も多いのです。Nothing much. や Not much. などでも同じ意味を表します。

I was just chilling out at home. （家でゴロゴロしてました）

chill out で「落ち着く、リラックスする」というような意味になります。誰かに「落ち着きなよ」と言うときなどにもこのまま命令文で使えます。

How about you?/What did you do? （あなたはどうでしたか？ / あなたは何をしましたか？）

あいさつ代わりのようなものですので、自分のことについて答えたら、次は相手にも同じことを尋ねてみましょう。あるいは、こちらに尋ねてくるということは、相手には何か聞いて欲しい素敵な出来事があったかもしれませんよね。ぜひ聞いてみましょう。

What are your plans for the weekend? （週末の予定はありますか？）

こちらは、次の週末の予定を尋ねる表現です。What are you going to do over the weekend? などと言ってもいいですね。the weekend を tomorrow や summer vacation などに換えて、明日の予定や夏休みの予定を尋ねるときにも使えます。
*tomorrow には over は不要です

Chapter 1

Chapter 2

Chapter 3

Chapter 4

フレーズ一覧

日本語訳

Dialogue

 35

A : Good morning everyone. What did you do on the weekend? ... How about you, Saya?

B : Umm, nothing special.

A : Oh, really?

B : Well, I was just chilling out at home.

A : So, you were relaxing. That sounds like a nice weekend! What are your plans for next weekend?

B : I'm planning to go to a movie.

A : みなさんおはようございます。週末は何をしましたか？…サヤはどうだった？
B : うーん、特に何もしませんでした。
A : おや、そうなんですか？
B : えーっと、家でゴロゴロしてました。
A : じゃあ、リラックスしていたんですね。いい週末ですね！　次の週末の予定はありますか？
B : 映画を観に行くつもりです。

■ Could you say that again? （もう一度言ってもらえますか？）

　相手の言ったことが聞き取れなかった場合には、もう一度言ってもらえるよう頼みましょう。Could you ～ ? を使うと Can you ～ ? よりも丁寧でいいですね。

■ I'm sorry but I didn't get that. （すみません、理解できませんでした）

　get はここでは「理解する」という意味です。このように伝えると、相手の人はわかりやすく言い直してくれたりするでしょう。

■ I don't understand what you mean. （おっしゃっている意味がわかりません）

　こちらも、相手の言っていることがわからない場合に使う表現です。I'm afraid などを頭につけると丁寧になってよりよいですね。

■ May I ask a question? （質問してもいいですか？）

　May I ～ ? は先生など目上の人に対して使う、丁寧に許可を求める表現です。友達など気安い相手であれば、Can I ask you a question? でよいでしょう。

■ How do you say this in English? （これって英語で何と言いますか？）

　伝えたいことを英語で何と言っていいかわからないときに便利な表現です。What ではなく How を使うことに注意したいですね。

■ Am I correct? （私、合ってますか？）

　自分が正しいかどうかを確認する表現です。気軽な会話では、Am I を省略して Correct? や Right? などと言うこともできます。

Chapter 1

Chapter 2

Chapter 3

Chapter 4

フレーズ一覧

日本語訳

■ Does it make sense?（意味が通じますか？）

make sense は「意味をなす、筋が通る」という意味のイディオムです。何かを理解したときに That makes sense!（なるほど！）というように使うこともできます。

■ Could you give me some examples?（いくつか例を頂けますか？）

相手の言っていることが今ひとつ理解できない場合には、何か例を挙げてもらうというのはよい方法です。このようにお願いしてみましょう。

■ Let me think for a second.（少し考える時間をください）

考える時間が欲しいな、と思ったらいきなり黙り込んだりしないで、相手に一言このように伝えてから、時間をもらって考えるのがいいですね。

language school	語学学校	class/session/lesson	
campus	校舎		授業
dormitory	学生寮	homework	宿題
classroom	教室	be late/come late	遅刻
required subject	必修科目	absent	欠席
timetable	時間割	no class/no session/no lesson	
after school	放課後		休講
private lesson	個別レッスン		

Umm... nothing, special.

Oh, really?

Well, I was just chilling out at home.

So, you were relaxing. That sounds like a nice weekend!

お役立ち情報

English Only Policy（EOP）

名前の通り「（学校内で）英語しか話してはいけないルール」です。語学学校にはさまざまな国から生徒が集まりますが、同じ国籍の生徒が集まってその国の言語で話すと英語上達の妨げになるだけでなく、他の生徒にも悪影響を与えてしまいます。そのため、校内全域や指定されたエリアで英語以外の言語の使用を禁止するのが EOP です。罰則は学校によって異なり、簡単な注意のみの学校もあれば、3 回ほど注意を受けると退学措置になる学校もあります。EOP が厳しいほど、英語学習に真剣ともいえます。入学前に確認できる情報なので、EOP の厳しさも学校を選ぶ指標となります。

発言することを心がける

多くの日本人は学校で英語を学んでおり、基本的な英語スキルを持っています。しかし、いざ会話となると苦手な人が多いのが事実です。理由の 1 つとして、日本人が正しい英語しか口に出してはいけないと思いがちだということが考えられます。例えば、会話の中で「I watched a movie.（私は映画を見た）」と言いたいのに「watch」という単語をど忘れしてしまったとします。そんな時、多くの日本人は必死に「watch」という単語を思い出そうとして会話を止めて、思い出せなければ笑ってごまかそうとしてしまいます。これは非常によくありません。語学学校は間違いを正してくれる場所、間違えてもいい場所なので、仮に「watch」が思い出せなくても、「I looked at a movie.」など、少しおかしいなと思っても発言すべきです。ミスを恐れずにどんどん発言しましょう！

6 仕事を探す

海外で仕事を探すのは、皆さんが思っている以上に難しかったりします。
日本と同じような感覚で仕事探しを進めた結果、2カ月以上仕事に就けなかったという人もいるので、積極的に行動することを心がけましょう！

Chapter 1

Chapter 2

Chapter 3

Chapter 4

フレーズ一覧

日本語訳

ここが困った！

「履歴書を出して終わり」で、チャンスを逃してしまった…

　責任者に当たる人がいなかったり忙しそうだったりした場合に、他のスタッフに伝言を頼んだり書類を渡したりしてしまうと、悪意はなくてもどうしても伝え忘れや書類の渡し忘れが生じてしまうことがありますよね。本気で働きたい場所ならなるべく店長など責任者と思われる人に直談判をしましょう。もちろん、迷惑にならないように、空いていそうな時間帯に出直すなど、タイミングを見計らうことも大切です。とにかく面接までこぎつけるためにも積極性が大事！　返事の電話やメールなどがなかなかこなかったら、自分から電話をかけたりメールを送ったりしてアプローチを続けましょう。履歴書で落とされる際、不採用の連絡がないことも多いので、とにかく数をばらまいて攻めるのも手ですね。

どうすればいいの？

Check!

Is the manager available?（店長はおられますか？）

available は「手が空いている」という意味です。働いている人にこれだけを突然伝えるとびっくりされてしまうかもしれないので、I'd like to work here.（ここで働きたいです）など、理由を添えて尋ねてみるといいでしょう。

When is the manager available for a meeting?（店長は何曜日に来られますか？）

店長が不在の場合、いつ来れば会えるかと言う情報を得るのは大事なことですよね。Around what time would be convenient for him/her to meet me?（お会いするには何時頃がよいですか）などと、時間帯についても確認しておくといいかもしれません。

Please hire me at this store.（このお店で私を雇ってください）

かなり直接的に働きたい気持ちを伝える表現ですが、時にはこのくらい積極的にアピールすることも大切かもしれません。hire で「～を雇う」という意味です。I'd like to work as a ～ here.（ここで～として働きたいです）などと言うこともできます。

When is the interview?（面接はいつですか？）

面接は英語では interview と言います。面接日時はしっかりと確認をして、遅れたりしないように準備をしておくことが大切ですね。Is there anything that I need to bring?（何か持ってくる必要のあるものはありますか）などを使って、持ち物などについても併せて確認しておきましょう。

I can begin working as soon as you're ready for me to start.
（いつからでも働けます）

いつから働いてもらえるのかというのは、雇う側にとっても重要な情報です。いつからでも働けるというのはすぐに人手が欲しいお店や企業に対しては強いアピールになりますね。このような表現を使って自分をアピールしていきましょう。

Chapter 1

Chapter 2

Chapter 3

Chapter 4

フレーズ一覧

日本語訳

Dialogue 39

A : Excuse me, is the manager available?

B : I'm sorry, he is off today.

A : Could you please give my résumé to the manager?

B : Ah, okay!

A : When is the manager here? Please tell him that I can begin working as soon as you're ready for me to start.

B : He'll come tomorrow. I'll tell him about you!

A : すみません。店長はおられますか？
B : 店長は本日休みをとっています。
A : 私の履歴書を店長に渡していただけませんか？
B : ああ、いいですよ！
A : 店長はいつ来られますか？いつからでも働けますとお伝えください。
B : 店長は明日来ますよ。あなたのことを伝えますね！

■ **Tell me about yourself.** （自己紹介してください）

　面接で予想される質問の1つです。事前に答えを準備しておきたいですね。なるべく簡潔に、就きたい仕事に関連のあることを交えながらわかりやすくまとめましょう。

■ **Thank you for taking the time to meet me today.** （今日はお時間をお取りいただきありがとうございます）

　面接をしてくれるのは忙しく働く責任者の人などです。このように、面接をしてくれることへの感謝の気持ちを面接の一番初めにしっかりと伝えましょう。

■ **I am motivated and passionate about my work.** （私は仕事熱心でやる気のある人間です）

　日本語では自分のことを大いに褒めるというのに抵抗を感じる人もいるかもしれませんが、英語社会では身内のことでも相手のことでもよいところはどんどん褒めることが大切です。

■ **Why are you interested in working at this café?** （どうしてこのカフェで働こうと思ったのですか？）

　面接で志望動機を聞くのに使われる表現ですね。予想される質問は日本での面接と大きく変わりませんので、スムーズに答えられるように事前にしっかりと考えてから面接に臨みましょう。

■ **I've been working as a barista for 6 months.** （6カ月間バリスタとして働いていました）

　実務経験は大きな強みになりますね。就きたいと思っている仕事に関連する学習経験なども含めて、しっかりとアピールできるように準備しておきましょう。

Chapter 1

Chapter 2

Chapter 3

Chapter 4

フレーズ一覧

日本語訳

■ I like the atmosphere of this café. （このカフェの雰囲気が好きです）

　特に経験などがない場合でも、働きたい気持ちを相手に伝えることは可能です。特にカフェなど自分が客の立場で利用したことがある場合には、その時の経験などを話してもいいでしょう。

■ What are your weaknesses? （あなたの弱みは何ですか？）

　weakness は weak の名詞で「弱み」という意味です。自分のことを客観的に理解しているか、というのも面接でよくチェックされます。「強み」は strength です。

■ I am critical of my own work. （自分の仕事に対して厳しすぎることです）

　こういった表現で弱みに見せかけて実際にはいいところをアピールしてしまう、というのは日本語の面接でもよく使われる手です。

■ Have a certification in 〜. （〜の資格を持っています）

　自分の持っている資格などについて、英語では何と言うのか、名称だけでは理解されにくい場合には英語での説明の仕方など、こういったことも事前に準備をしておきましょう。海外での就労を考えて日本にいる間に資格の取得を考えてみてもいいかもしれません。

■ I would like to know the outcome of our interview. （面接の結果が知りたいです）

　面接から帰宅し、然るべき日数が過ぎても連絡がないときなどに、結果について問い合わせるときに使える表現です。「結果」は outcome で表すことができます。

workplace	職場	overtime	残業
boss	上司	salary/pay/wage	給料
coworker/workmate/colleague		holiday allowance	休日手当
	同僚	paid vacation	有給
subordinate	部下	fired	クビ
working hours	勤務時間		

Could you please give my résumé to manager?

Sure!

When is the manager here? Please tell him that I can begin working as soon as you're ready for me to start.

He'll come tomorrow. I'll tell him about you!

I got it! Thanks!

お役立ち情報

履歴書の違い

　英文履歴書には特に決まったフォーマットがありませんが、一般的には A4 の紙 1 枚にまとめるのがよいとされています。すべてをシンプルにまとめないといけないので、自分の経験などをだらだらと記載するのではなく、自分の長所やスキルを箇条書きで短く簡潔に伝えることが重要です。また、日本の履歴書と大きく違うのは、様々な差別を防ぐ意味で顔写真・性別・国籍などの情報を記載する必要がないことです。可能であれば現地の友人や学校の先生に内容を確認してもらうようにしましょう。

応募方法の違い

　日本では「仕事を探す」⇒「エントリー」⇒「面接」という流れが普通ですが、海外ではまず履歴書を大量に作り、とにかく求人を出している（場合によっては出してなくても）職場を回って履歴書をばらまき、連絡が来るのを待つ、というのが一般的な流れです。100 枚履歴書を渡して面接まで行けたのがたったの 5 件、というのも普通のことなので、とにかくチャンスを増やすことが大切です。

どんな仕事に就けるのか

　カフェ、レストラン、ホテル、販売店、ツアーガイド、ベビーシッター、日本語教師などが人気の高い業種です。どの業種にも言えることですが、接客に関わる仕事ほど、高い語学力が要求されるので狭き門になります。最初から「あれがしたい」「これは嫌」と選り好みをしてハードルを上げすぎると結局仕事が決まらず苦労しがちです。まずは日本人でも働きやすい「日本食レストラン」などから始めて、海外で働くことに慣れた後で、現地の仕事を探すようにするとスムーズに転職することができます。

7 働く

海外では職場でのトラブルも後を絶ちません。オーナーと契約などの問題に発展しても、語学力の問題や知識不足から泣き寝入りする人も多いですが、相談窓口もあるので諦めないでください！

ここが困った！

Chapter 1

Chapter 2

Chapter 3

Chapter 4

フレーズ一覧

日本語訳

契約内容や給料支払いのトラブルは、ちゃんと対応しないとうやむやにされることも

　日本で仕事に就く場合と同じことですが、働き始める前に契約内容をきちんと確認することが大切です。契約内容とはどんな仕事をするのか、ということだけでなく、勤務期間や勤務日、勤務時間、就労上のルール、そして何より大切なのが給与ですね。これらについてしっかりと雇い主に確認を行い、それらが記載された正式な書類を受け取り（口約束はトラブルの元です！）、その書類はなくさないように大切に保管しておくようにしましょう。特に日本人は契約内容や雇用条件などについて自分の権利主張をしない傾向にありますし、実際雇い主からもそのように思われてしまう場合もあるので注意が必要です。万が一トラブルになったら1人で解決しようとせず、労働組合などに相談に行きましょう。

どうすればいいの？

Check!

Please make time to talk with me. （私と話す時間を作ってください）

何かおかしいと思ったり疑問に感じたりしたとき、解決したいことがあるとき、まずは話し合いが大切ですよね。いきなり「話があります！」と言うよりも、このように相手の人に話すための時間を作ってもらえるようお願いするのがよいでしょう。話し合いは冷静に。

There is something we have to check in the contract. （契約書について確認したいです）

自分が何について確認をしたいと思っているのか、明確にしてから話し合いに臨むと、相手にも伝えたいことが伝わりやすくなりますね。

Give me a pay slip. （給与明細をください）

「給与明細」は pay slip の他に pay advice、pay statement などで言い表すことができます。給与明細はとても大切な書類ですので、必ず受け取って、中身を確認するようにしましょう。Could you などを頭につけて、丁寧な言い方もできるようにしておくといいですね。

That's not what I heard. （話が違います）

what I heard で「私が聞いたこと」という意味を表しますので、直訳すると「それは私が聞いたことではない」ということになりますね。I'm afraid を頭につけて I'm afraid that's not what I heard. とすると、「話が違うのではないかと思います」と少し柔らかい言い方ができます。

I will consult with the fair work ombudsman. （フェア・ワーク・オンブズマンに相談しに行きます）

fair work ombudsman「フェア・ワーク・オンブズマン」とは、オーストラリアにおける、日本で言うところの労働基準監督官のような役目を果たす連邦政府下の機関です。雇い主との話し合いではどうしても解決が難しそうな場合には、然るべきところへ相談するという姿勢を見せることも大切です。

I'm going to sue you. （あなたを訴えます）

実際に訴えるというのは本当の最終手段ですが、不当な扱いを受けた場合にはこのように毅然とした態度で、「そういうことを許すつもりはありません」という姿勢を相手に見せることも大切でしょう。口にするときには感情的にならず、あくまでも落ち着いて伝えましょう。

Chapter 1

Chapter 2

Chapter 3

Chapter 4

フレーズ一覧

日本語訳

Dialogue

 43

A : I think the salary payment was incorrect.

B : Then I will pay the difference the next payday.

on the payday

A : Excuse me, I want to talk about my salary

B : I'm busy now. We'll discuss this later.

A : There is something we have to check in the contract. If you don't make time, I will consult with the fair work ombudsman.

B : Okay, Saya. Let's talk after work today.

A :　私の給料が間違っていると思います。

B :　なら、次の給料日に差額を支払うね。

給料日

A :　私のお給料について話したいんですが。

B :　今忙しいんだ。あとで話そう。

A :　契約書について確認したいんです。時間を作ってもらえないなら、フェア・ワーク・オンブズマンに相談しに行きます。

B :　わかったよ、サヤ。今日の仕事の後に話そう。

■ Today is my first day here. （今日からここで働きます）

　勤務初日には、一緒に働く周りの人たちに対してこのように言った後、笑顔で自己紹介をしましょう。きちんとしたあいさつで良好な人間関係を築きたいですね。

■ I'm looking forward to working with you. （あなたと働くのが楽しみです / よろしくお願いします）

　英語には日本語の「よろしくお願いします」にぴったりと当てはまる表現がありませんので、これから一緒に働く人にはこんな風にあいさつしてみましょう。

■ I've left the file on your desk. （ファイルを机の上に置いておきました）

　働くときには「報告・連絡・相談」の３つが大切なのは国を問わず共通です。指示された仕事を終えたら、都度報告しましょう。I've 〜 . を使って完了した動作について伝えることができます。

■ I guess I'd better be going. （そろそろ帰ります）

　勤務時間が終わったからと言って何も言わずにいなくなったりせず、こんな風に言ってからあいさつをして帰るといいでしょう。

■ May I come in? （入ってもいいですか？）

　誰かの部屋などに入るときにはこのように声を一言かけて、許可をもらってから入りましょう。May I 〜 ? は目上の人に許可を求めるときに便利な表現でしたね。

■ I'll be back at 12:00/in 10 minutes. （12 時に戻ります / 10 分以内に戻ります）

　自分の持ち場を離れるときには、上司や同僚にそのことを伝えたほうがいい場合があります。このように言っておけば、「あれ？　急にいなくなったぞ？」などと思われることもないでしょう。

■ What should I do next? （次は何をすればいいですか？）

　何をすればいいかわからないときには、ぼんやりせず然るべき人から指示を仰ぎましょう。働き初めのうちはこのように積極的にきいて、仕事をどんどん覚えたいですね。

■ I will take a day off on ～/a paid vacation on ～. （～に休みを取ります / 有休をとります）

　仕事の進め方によっては、自分が休むことを事前に周りの人にきちんと伝えておくことで迷惑をかけないようにする必要がある場合もあります。2 日休む場合には two days off と言いましょう。

■ I'm going to take a lunch break outside. （外でランチ休憩してきます）

　休憩のためであっても仕事場を離れる場合には誰かに声をかけてから行ったほうがよい場合もあります。I'll be back at 13:00. などと一緒に使うといいでしょう。

Chapter 1

Chapter 2

Chapter 3

Chapter 4

フレーズ一覧

日本語訳

使える Vocabulary

starting time/opening time	
	始業時間
closing time	就業時間
stamping/punching	
	打刻
meeting	会議
report	報告
communicate/contact	
	連絡

consult	相談
confirm	確認
order	依頼
offer	提案
promoted	昇格
person in charge	担当者

お役立ち情報

英語に「お疲れ様です」というあいさつはない

　英語には「お疲れ様です」を直接表すフレーズや単語がありません。元々いろいろな意味を内包しているので、「Good morning.（おはようございます）」や「Well done.（よくやった）」などをタイミングで使い分けましょう。

英語の敬語

　英語にも敬語はあります。しかしながら、英語の敬語は普通に海外で生活しているだけでは身につけることが難しいものです。とは言っても、フォーマルな場面でカジュアル過ぎる話し方をしてしまうと知らない内に相手に不快な思いをさせてしまうかもしれません。ワーキングホリデーに行ってビジネス英語を学びたいと思っている人は必ずそのことを意識して生活しましょう。

日本食レストランで働くこと

　海外の日本食レストランで働くことには、「定期的に募集があるので仕事に就きやすい」、「必ずしも現地語が上手くなくても就労可能」というメリットがあることから、渡航初期段階にはお勧めの仕事といえます。この時期から収入があれば、住居を選ぶ際に選択肢も増えるでしょう。一方で「賃金が低めに設定されている」「英語が上達しづらい」「日本人と接することが増える」というデメリットもあります。日本人のスタッフがいる場所で働くので、現地語だけを使って意思疎通を図らなければならないという状況にはなりません。そのため、働きすぎると海外にいるのか日本にいるのか分からなくなることもあります。ある程度働くことに慣れたら、自分の渡航目的を再確認して転職を考えましょう。

Chapter 1
Chapter 2
Chapter 3
Chapter 4
フレーズ一覧
日本語訳

Chapter 3

海外生活リアル体験談

留学・ワーキングホリデー経験者の生の声をご紹介します。

語学面だけでなく、文化の違いも知っておきましょう！

油断大敵！ 置き引き被害

たとえ安全と言われるエリアでも、日本と比べると軽犯罪が多かったりします。しかし、本人の注意次第で回避できる場合もあるので、「海外に住んでいる」という意識を忘れず持ちましょう。

日本の感覚のままだと思わぬトラブルに…

　カバンなどの貴重品は必ず肌身離さず持ち歩き、パスポートなど持ち歩く必要がないものは家で管理しましょう。もしも外出先で荷物を残してその場を離れる必要が生じた場合には、周りの人に「Can you watch my stuff while I'm away?（離れている間荷物を見ておいてくれますか？）」などと声をかけるようにしましょう。盗難にあった場合、保険会社によっては盗難証明書の提示が必要になります。盗難証明書は警察で「victim report（被害届）」を出すときに発行してもらいます。

- **I need to get a certificate of theft to make an insurance claim.**（保険の申請のため、盗難証明書が必要です）

　警察では、被害にあった際の状況を可能な限り詳細に伝える必要があります。落ち着いて、5W1H を意識しながら説明しましょう。

- **I was at ～.**（～にいました）
- **I was doing ～.**（～をしていました）
- **I left my seat for about 5 minutes.**（5 分ほど席を離れました）
- **There was a man wearing a hat and a black t-shirt next to my seat.**（帽子をかぶって黒い T シャツを着ている人が私の席の隣に座っていました）
- **It is a small red bag.**（赤くて小さいカバンです）
- **My wallet, passport, and smartphone were in it.**（財布とパスポートとスマートフォンが入っていました）

　万が一パスポートを盗まれた場合には、再発行のために日本領事館へ行かなければなりません。

　最後に自分の連絡先をしっかりと伝えましょう。

- **Please call me if you find out something. My number is ～.**（何か見つけたら電話してください。番号は～です）

文化の違い？ シェアメイトとの確執

他人と同じ屋根の下で暮らすシェアハウスは、同居人と相性が合わないことなどが原因でトラブルになることがあります。特に海外ではシェアメイトとの文化や生活スタイルの違いに気付いてあげることが大切です。

最初にシェアハウスのルールを作っておかないと、些細なことがトラブルの種になりがちです…

　同じ日本人同士であっても、他人との共同生活にはトラブルがつきものですよね。相手が育ってきた環境や生活スタイル、文化が異なる外国の人たちとなれば、更にもっといろいろな問題が起こりやすいことは想像に難くないでしょう。特に「物が勝手に使われる」「物が無くなる」「掃除をしない」などは海外でのシェアハウスで頻出するトラブルです。

　Chapter 2-3 では大家さんとの間のトラブルを紹介しましたが、シェアハウスでは大家さんだけでなくシェアメイト同士でのルールもとても大切です。先にハウスルールを決めておくとトラブルが起きにくくなります。

- ・**We should make basic house rules.**（基本的なハウスルールを決めましょう）
- ・**Do not enter a private room without permission.**（勝手に部屋に入らない）
- ・**Be careful not to make too much noise.**（大きな音を出さないよう気を付ける）
- ・**Keep the shared space clean.**（共有エリアは綺麗に使う）
- ・**Could you ask us beforehand if you are not certain about something?**（わからないことがあったら先に聞いてね）

　やめて欲しいことややって欲しいこと、思っていても伝えないことには改善は望めません。気になることがあったときは、我慢してため込まずに、相手にこちらの思いを伝えるようにしましょう。感情に任せて一方的になるようなことがないように、相手の立場にも立ちつつ話ができるといいですね。

- ・**Whose is this?**（これだれの？）
- ・**It's your turn to ～.**（あなたが～する番だよ）
- ・**Please clean up your mess.**（あなたが汚したものは片付けて）

3 天気をなめたら痛い目を見る

天候の違いは想像の上を行くことが多いです。現地から発信されている実際の情報を調べて準備をしましょう。

日本とは違う海外の環境を甘く見ないように！

　オーストラリアという国はとにかく暑いです。想像を絶する暑さです。国土のとても広い国なので、もちろん地域や都市によって差はありますが、中には年間 365 日中 300 日は晴れているなんていう都市があったり、最高気温 49 度超えなんていう場所もあったりします。また、その気温は年々上がり続けているとも言われています。温度の高さだけでなく、紫外線も日本などに比べると非常に強いので、日常的に日焼け止めを塗ることがとても大切です。

　逆に、イギリスは曇りのとても多い国として有名です。その悪影響についてはあまり意識されないことも多いのですが、実は日光を浴びないということに対して人は想像以上のストレスを感じてしまうことがあります。実際にイギリスでは日光不足が原因と考えられる鬱状態に陥ってしまう留学生も多く、対策としてビタミン D のタブレットを配る学校もあるほどです。

　行き先を決めるときには、気候や天候なども 1 つの大切な要素として考えたほうがよいでしょう。

- ・Could you tell me things to be careful about when it comes to the weather?（天候について気をつけることを教えてください）
- ・How is it different from Japanese weather?（日本の天候とどう違いますか？）

郷に入っては郷に従え　お酒のルール

海外で生活するなら絶対に気をつけたいのが飲酒に関係するルールです。「日本と同じ感覚で飲んでいたら法律に触れていた！」なんてことも…

国によって飲酒に関する法律は大きく異なります

　公共の場での飲酒を法律で禁止している国は実はとても多いのです。公共の場というのは、公園やビーチはもちろん、路上なども含んでいます。日本とは大きく違うので、気をつけなくてはいけません。

- **Can we drink alcohol here?**（ここでお酒を飲むことはできますか？）

　お酒が飲める年齢も国によって違うので、注意が必要です。あらかじめきちんと調べておきましょう。

　また、欧米人はアジア人に比べてお酒に強い傾向があります。「飲めない人がいる」という認識がないような人もいるでしょう。お酒が弱い人は、あらかじめそのことをはっきりときちんと伝えるようにしてください。お酒は英語で「alcohol」。飲酒のことを「drink」と言い、酔っぱらう事は「get drunk」と言います。

- **I can't drink much.**（たくさんは飲めないの）
- **I get drunk easily.**（すぐ酔っぱらうんだ）

　また、海外では普段とは違うお酒を飲むことにもなるので、ペース配分が分からず悪酔いしてしまうこともあるかもしれません。気分が悪くなったらすぐに近くにいる人に声をかけましょう。

- **I don't feel good.**（気持ちが悪いです）
- **Where is the bathroom?**（トイレはどこですか？）
- **I feel like throwing up.**（吐きそうです）

お酒はルールを守って楽しく飲みましょう！

5 私が彼女じゃなかったの!?

海外に滞在していると、短い期間でも3回は恋愛すると言われています。しかし、日本と海外では恋愛の価値観にたくさんの違いがあります。カルチャーショックを受けないように、日本との違いを調べてみましょう！

海外には「告白して恋愛スタート」という文化はありません

　海外では「付き合ってください！」なんていう言葉はないまま、デートを繰り返して、お互いの雰囲気でなんとなく自然にカップルになっているということが多いです。

　とはいえ、相手が自分たちの関係をどう思っているか、わからないとやきもきしてしまいますよね。相手との関係が気になったら、直接はっきり聞いてみましょう。

- **Are we dating?**（これは（交際前提の）デートだよね？）
- **Are we serious?**（付き合っているんだよね？）

　恋人と呼べる人ができた場合には、自分の気持ちをはっきりと言葉にすることがとても重要です。パートナーに対してまっすぐな愛の言葉をぶつけるというのは、決して映画の中だけのことではありません。

- **You are my love.**（あなたは私の愛のすべて）
- **I'm all yours.**（私の全部はあなたのもの）

　恥ずかしがって言葉にしないと、「You don't love me, do you?（私のこと嫌いなんでしょう？）」などと言われてしまうかも。

　また、口論などになった場合、たとえ相手が恋人であろうと自分に明確な非がない限りは謝るということはしません。英語圏の人たちにとって「謝罪」とは「自分の非を認める」ことであり、非を認めた後には「その責任を取る必要が生じる」と考えるからです。「とりあえず謝る」といった行為は非常に不誠実に見えるため、何かトラブルが起こった際には「We need to talk.（話をする必要がある）」と伝えて、問題についてしっかりと話し合いましょう。

友達 100 人、できません

知り合いがいない。土地勘もない。そのような場所では友達を作るのも一苦労です。
ずっと１人で過ごしているとモチベーションの低下だけではなく、ホームシックや鬱
の原因にもなるので気を付けてください。

Chapter 1

Chapter 2

Chapter 3

Chapter 4

フレーズ一覧

日本語訳

ある程度準備をしてから積極的に声をかけてみよう

　知らない人と会話を始めるときは、自分から具体的な話題を振ればその後の流れに対する準備ができるのでお勧めです。

- **What brings you here today?**（今日は何しにここへ来たの？）
- **Where are you from?**（どこから来たの？）
- **You have a nice shirt on.**（素敵なシャツ着てるね！）
- **Can I join?**（混ざってもいい？）
- **What are you drinking?**（何飲んでるの？）

　日本ではある程度仲良くなると「これから仲よくしてくださいね！」と相手に伝えることもあるかもしれませんが、英語圏にはこのような表現やこれを伝える風習はありません。その理由は、海外では親しみを持って接した時点でその人とはもうすでに友達だと考えるから。このあたりも日本とは違いますよね。

　無理やり英語にすると、

- **Let's be good friends!**（良い友達になりましょう！）
- **I hope to be your good friend!**（あなたの良い友達になることを望みます！）
- **I hope we can be good friends!**（私たちが良い友達同士になれることを望みます！）

などになりますが、どれも日常的には使わず不自然な表現です。

　友達を作るならバーやパーティーなどに顔を出すのもいいですが、その地域の日本人コミュニティが開催するバザーやレクリエーションに参加するのもお勧めです。日本が好きな外国人や、日本人の知り合いがいる人など、英語面でのハードルが低い人たちと友達になれるかもしれません。

同じ言い回しじゃダメ？

使い勝手のいい英語フレーズを見つけることは大切ですが、そのフレーズばかり使っていると思ったほど英語が上達せず、相手もうんざりしてしまうかもしれません。

便利な表現でも、状況や気持ちに応じて使い分けることが大切

　マンガのように、自分の考えを述べるときに「I think」を頭につけることは間違いではありませんが、そもそも人が口にすることはたいていの場合その人が思っていることなので、そこまで必要ではないというケースも多いものです。また、気持ちの強弱や確信の度合いによって単語を使い分けないと、時として相手に本来の意味やこちらの真意が伝わらないこともあるでしょう。特に英語は同じ単語を繰り返し使うことを嫌う言語です。さまざまな表現を覚えておき、適切に使えるようにしておきましょう。

　　「think」以外の「〜と思う」を伝える英語フレーズ
　　・ **feel**（そんな気がする）
　　・ **believe**（きっと〜だと思う）
　　・ **suppose**（おそらく）
　　・ **expect**（〜のはずだ）
　　・ **hope**（期待している）

　単語やフレーズを変えることで、より具体的に自分の言いたいことや本当の気持ちに沿った内容を伝えることができるようになります。簡単に通じるからと言って同じ単語やフレーズに固執し過ぎないようにしましょう。

　　I'm tired.（疲れた）⇒ **I'm beat.**（くたくた）、**I'm burned out.**（疲れ果てた）
　　various items（色々な商品）⇒ **a lot of items**（いろいろと異なる商品）、
　　different kinds of items（様々な種類の商品）**lots of items**（たくさんの商品）
　　quite a few items（かなりたくさんの商品）

目標はお早めに

多くの方が「語学力の向上」を目的に海外留学をしますが、もう少し具体的に「どれくらいの語学力を身につけたいのか」も考えておかないと、渡航中のモチベーション維持や、帰国後に直面する現実とのギャップに苦しむことになる可能性があります。

目標は数値化などができる形で具体的に決めておく

　渡航後半年くらいまでは語学力の成長を実感できるのでモチベーションも高く保つことができるのですが、ある程度話せるようになった時点で「もう十分英語力が身についた」と勝手に感じて、学ぶことを止めてしまう人がいます。しかし、だいたいの場合帰国後に「滞在中にもっと英語を勉強しておけばよかった」という話になります。改めて、出発前に自分が想定していたほどは語学力が伸びていなかったり、自分の語学力が企業の求める水準には達していない事実に気がついたりするからです。

　このような事態を避けるためにも、出発前の段階で海外へ行く目的についてしっかりと考え、それを達成するための具体的なゴール設定や取得すべき語学資格探しをしておくと、留学やワーキングホリデーの経験がより価値あるものになります。

　特に、モチベーションを維持するためには資格取得を目指すのがよいでしょう。自分で目指すレベルを調整でき、取得できれば履歴書に書けるスキルとなるので国内外を問わず就活にも活かすことができます。日常会話だけでは限界があるので、語学学校に通ったりして対策をしましょう。

TOEIC ：	日本国内での知名度は高いのですが、海外では通用しない場合もあります。
IELTS ：	主に進学や永住権取得のために受講されるなど、信頼の高い英語資格です。
TOEFL ：	30 以上の幅広い国々で英語能力の証明として利用されています。
ケンブリッジ英検：	英語検定の最高峰と呼ばれている試験です。有効期限がないため、一度取得すると永久的に保持することができます。
TESOL ：	英語を母国語としない人に英語を教える、英語教師の資格です。
TECSOL ：	英語を母国語としない子ども（4 歳～12 歳）に英語を教える、児童英語教師の資格です。
BEC ：	ビジネス英語検定。職場で使える英語運用能力を示す検定で、ビジネスで活躍したい方には理想的な試験です。

123

Chapter 4

海外生活便利帖

海外で暮らすのに役立つ、さまざまな情報をまとめました。

困ったときにお役立てください！

カードに書くメッセージ 🎧 46

最近はお祝いやメッセージなど、ほとんどのことをメールや LINE で済ませてしまいがちです。しかし、海外ではメッセージカードの文化が浸透しており、今でも特別なときにはカードを送ります。せっかくなので、気の利いたメッセージを書いて相手に喜んでもらいたいですよね。そんな時に使える " 一言 " をご紹介しますので、ぜひ使ってみてください。

◆記念日

Happy 1st anniversary! Enjoy your special day.（1 周年おめでとう！　特別な日を楽しんでね。）

Happy anniversary! I hope you have a wonderful day.（記念日おめでとう！　素敵な日になりますように。）

◆誕生日

I hope you have the best birthday!（最高のお誕生日になりますように）

Lots of love for your birthday!（あなたの誕生日にたくさんの愛を込めて）

◆結婚式

Congratulations to both of you!（ふたりとも、おめでとう！）

Wishing you much love to fill your journey!（これからの旅が愛に溢れたものでありますように）

◆ハロウィン

Have a nice time trick-or-treating!（楽しいキャンデー狩りを！）

Hope your Halloween is a Treat!（素敵なハロウィンでありますように）

◆クリスマス

I wish you a Merry Christmas. (素敵なクリスマスになりますように)

May your Christmas be filled with joy and happiness. (クリスマスがたくさんの幸せで満ちたものになりますように)

I hope you're having a wonderful holiday season. (最高のクリスマス休暇になりますように)

◆お別れのメッセージ

Thank you for everything! (今までありがとう！)

I will miss you. (君がいなくなって、これから寂しくなるよ)

Thank you for everything you've done for me. (今まで私にしてくれた事の全部にありがとう)

Keep / Stay in touch. (連絡とり合おうね！)

I wish you well in the years to come. (あなたに最高の未来がやってきますように)

Chapter 1
Chapter 2
Chapter 3
Chapter 4
フレーズ一覧
日本語訳

日本語と英語で読み方の違う国名・地域 47

「アメリカ」「イギリス」など世界の国名は、英語でも同じ名前になると勘違いされがちです。しかし実際は、正式な名称が異なる国や、まったく違う名称になる国も多数あります。

◆アメリカ

アメリカの正式名称は「アメリカ合衆国」ですので、国としてのアメリカを指す場合は「the United States of America」が正解となります。省略して「the US」「the USA」「the United States」でも問題ありません。

もちろん「America」だけでも伝わりますが、実際の意味としては大陸や国としてのイメージ、「アメリカっぽさ」などのニュアンスを含む言葉になります。

I love America（（全部ひっくるめて）アメリカが好き）
I love the United States of America（（国として）アメリカが好き）

◆イギリス

イギリスは「イングランド（England）」「スコットランド（Scotland）」「ウェールズ（Wales）」「北アイルランド（Northern Ireland）」からなる連合国で、正式名称は「グレート・ブリテン及び北部アイルランド連合王国（the United Kingdom of Great Britain and Northern Ireland）」です。よく間違われるのですが、「イングランド」はあくまでイギリス連合国のひとつなので、「イギリス＝イングランド」ではありません。また、一般的には「the United Kingdom」もしくは「the UK」と略されますが、それぞれの国の人たちは自分の出身国で呼ばれることを好みます。

「イギリス」という呼び方は和製英語で、元々はポルトガル語の「Inglez（イングレス）」から変化したと言われています。

◆ポルトガル語が語源の国名
　　ドイツ：**Germany**（ジャーマニー）
　　オランダ：**the Netherlands**（ザ ネザーランズ）
　　スイス：**Switzerland**（スウィッツァランド）
　　ギリシャ：**Greece**（グリース）
　　トルコ：**Turkey**（ターキー）

ポルトガル語から定着した日本語は多く、国名にもその名残が見られます。そのため、英語の国名と大きく違うことがあるようです。

野菜などの名前

🎧 48

海外では日本普段食べている野菜だけでなく、根キャベツ（brussels sprouts）、ケール（kale）、チコリ（chicory）、ロマネスコ（romanesco）などあまり目にしない食材にも出会うことができます。ただし、あらかじめ英語名を知っておかないとスーパーなどで買い物をする際に結構苦労しますので、基本的な野菜の英語名は先に覚えておきましょう。

キャベツ：cabbage

白菜：Chinese cabbage

なす：eggplant（米）、aubergine（英）

かぼちゃ：pumpkin、squash

玉ねぎ：onion

長ねぎ・ねぎ：green onion、scallion、spring onion

きゅうり：cucumber

ズッキーニ：zucchini（米）、courgette（英）

しょうが：ginger

にんにく：garlic

じゃがいも：potato

さつまいも：sweet potato

大根：Japanese radish、mooli

もやし：bean sprouts

トウモロコシ：corn（米）、maize（英）

ほうれん草：spinach

ピーマン：bell pepper

日本語がそのまま英語として使われているパターンもあります。

えのき：**enoki**

えだまめ：**edamame**

しいたけ：**shitake**

豆腐：**tofu**

また、牛蒡（burdock）や、野菜ではありませんがこんにゃく（devil's tongue/ elephant foot）など、英訳はあるもののそもそも海外では食べられていない食材などは英語で説明しても通じないことがあります。注意してください！

Chapter 1
Chapter 2
Chapter 3
Chapter 4
フレーズ一覧
日本語訳

和製英語

 49

普段英語のつもりで使っている言葉が実は和製英語だった、というシチュエーションに海外で生活しているとよく出くわします。和製英語とは通称「Japanglish」とも呼ばれ、日本で作られた英語風の日本語のことです。英語みたいな日本語なので、英語圏では意味が通じなかったり、別の意味でとらえられたりしてしまうので、注意が必要です。

それでは、「海外では通じない、間違いやすい和製英語」をいくつかご紹介します！

◆家に関する単語

クーラー：**air conditioner**

コンセント：**outlet**（米）、**socket**（英）

トイレ：**restroom/bathroom**

電子レンジ：**microwave oven**

シェアハウス：**shared house**

ガスコンロ：**gas stove/gas range**

◆食べ物に関する単語

フライドポテト：**French fries**（米）、**chips**（英）

テイクアウト：**to go**、**takeout**（米）、**take away**（英）

ペットボトル：**plastic bottle**

◆買い物に関する単語

ワイシャツ：**shirt**（「ワイシャツ」は「white shirt」の聞き間違えから生まれたと言われています）

ビニール袋：**plastic bag**

オーダーメイド：**custom-made**

ズボン：**pants**（米）、**trousers**（英）

パンツ：**underwear**（米）、**pants**（英）

◆仕事に関する単語

アルバイト：**part-time job**（アルバイトはドイツ語）

サイン（署名）：**signature**（有名人などに書いてもらう「サイン」は「autograph」）

ノートパソコン：**laptop**

サラリーマン：**office worker**

セロテープ：**scotch tape**（米）、**sellotape**（英）

ホッチキス：**stapler**（ホッチキスは社名）

段ボール箱：**cardboard box**

◆その他

ケースバイケース：**It depends.**

ハイテンション：**excited**

アンケート：**survey/questionnaire**

タレント：**entertainer**

トランプ：**cards**

時差一覧

アメリカなど地球の反対側にある国へ行くと、日本との時差が 12 時間を超える場合もあります。こうした時差を考慮しておかないとなかなか通話などのリアルタイムな連絡のやり取りができなくなるので、自分が行く国や地域の時差はあらかじめ頭に入れておきましょう。

◆アメリカ：6 つのタイムゾーンがあります（本土では 4 つ）

ニューヨーク、ワシントン、ボストン、マイアミ…時差 -14 時間

シカゴ、ヒューストン、セントルイス…時差 -15 時間

フェニックス、ソルトレイクシティ、エルパソ…時差 -16 時間

ロサンゼルス、サンフランシスコ、ラスベガス、シアトル…時差 -17 時間

アラスカ…時差 -18 時間

ハワイ…時差 -19 時間

◆カナダ：4 つのタイムゾーンがあります

トロント、モントリオール…時差 -14 時間

バンクーバー、ヴィクトリア…時差 -17 時間

◆オーストラリア：3 つのタイムゾーンがあります

キャンベラ、シドニー、メルボルン、ケアンズ…時差 +1 時間

ダーウィン、アデレード…時差 +30 分

パース…時差 -1 時間

◆ニュージーランド：タイムゾーンは 1 つだけです

オークランド、ウェリントン、クィーンズタウン…+3 時間

◆イギリス：タイムゾーンは1つだけです

ロンドン、マンチェスター、ケンブリッジ…時差 -9 時間

※海外では多くの国で、1年の内の特定期間だけ時計の針を1時間進めるサマータイムを導入しています。アメリカやオーストラリアなどでは、デイライトセービングタイムとも呼ばれます。実施される期間は国や州によって異なります。サマータイムの間は時差が1時間変わるので、混乱しないよう注意してください。

そして、時差とは別に気をつけなければいけないのが季節の違いです。オーストラリア、ニュージーランドなどの国々は南半球にあるため、日本とは季節が真逆になります。夏のクリスマスなど、日本では体験できないイベントもありますよ！

ちなみに、時差ぼけのことを英語では「飛行機（Jet）でずれ（Lag）が発生する」ので、「Jet lag」と言います。

6

単位一覧

アメリカでは長さや重さをはかるときに日本とは違う単位を使用しています。日本の
メートル・グラム法とは数字の感覚が異なるため、慣れないうちは間違いなく困惑す
ることになるでしょう。

単位の換算表を紹介しますので、アメリカへ渡航される方はいつでも見れる状態にし
ておいてください。

◆重さ

重さの単位は oz（オンス）と lb（パウンド）です。

1000g ＝ 1kg ＝ 35.274oz ＝ 2.205lb

1lb ＝ 16oz ＝ 0.4536kg ＝ 454g

パウンド（lb）× 0.45 ＝キログラム（kg）

オンス（oz）× 0.028 ＝キログラム（kg）

◆長さ

長さの単位は inch（インチ）、feet（フィート）、yard（ヤード）、mile（マイル）
です。

1,000m ＝ 1km ＝ 399,370inch ＝ 3,280.8feet ＝ 1,093.6yard ＝ 0.6214mile

1mile ＝ 1.76yard ＝ 5.28 feet ＝ 63,360inch ＝ 1.6093km ＝ 1,609.3m

インチ（in）× 2.54 ＝センチメートル（cm）

フィート（ft）× 0.3048 ＝メートル（m）

マイル（mile）× 1.6 ＝キロメートル（km）

1 ヤード（yd）＝ 3 フィート（ft）＝ 36 インチ（in）

◆液量の単位

液量の単位は **gal**（ガロン）、**qt**（クォート）、**pt**（パイント）です。

1L = 0.264gal = 1.05qt = 2.1pt

1pt = 0.5qt = 0.1gal = 0.5L

ガロン（**gal**）× 3.8 ＝リットル（**l**）

クォート（**qt**）× 0.9 ＝リットル（**l**）

パイント（**pt**）× 0.5 ＝リットル（**l**）

1 ガロン（**gal**）＝ 4 クォート（**qt**）＝ 8 パイント（**pt**）

また、少量の場合はオンスも単位に使われます。（オンス（**oz**）× 30 ＝ミリリットル（ml））

◆温度の単位

温度の単位は℉（**Fahrenheit**）（ファーレンハイト）です。

0℃ = 32℉、50℃ = 122℉、100℃ = 212℉

℃ =（℉ - 32）× 5 / 9

℉ = ℃ × 9 / 5 + 32

フレーズ一覧
&
マンガ日本語訳

フレーズ一覧

Chapter 1-1　空港にて

🎧 50

☐ **Can I check my phone? I have the address here.**（スマホを見てもいいですか？　住所はそこに書いてあります）

☐ **I'm staying here.**（ここに滞在します）

☐ **Could you speak more slowly please?**（もう少しゆっくり話してもらえますか？）

☐ **What is the purpose of your visit?**（何をしに来たんですか？）

☐ **When will you return to your country?**（いつごろ母国に帰るんですか？）

☐ **How long will you be staying here?**（どれくらい滞在するんですか？）

☐ **Where will you be staying?**（どこに住むんですか？）

☐ **Have you ever visited Australia before?**（オーストラリアに来たことはありますか？）

☐ **Do you have a return ticket?**（帰国用のチケットを持っていますか？）

☐ **What is your job in Japan?**（日本での仕事は何ですか？）

☐ **Here you are.**（どうぞ）

☐ **You mean ～?**（～ですか？）

☐ **Is this the line for immigration?**（これは入国審査の列ですか？）

☐ **My flight is delayed.**（飛行機が遅延している）

☐ **My flight was cancelled.**（飛行機が欠航になった）

☐ **I missed my flight. What should I do?**（飛行機に乗り遅れました。どうしたらいいですか？）

☐ **Can I get another flight?**（別の便に乗れますか？）

☐ **I can't find my luggage.**（荷物が見つからないんです）

☐ **Excuse me, I think this is my luggage.**（すみません、この荷物は私のだと思います）

Chapter 1-2 　家を借りる

 51

- [ ] **I want to check the contract details.**（契約内容の確認をしたいです）
- [ ] **What does "takeover" mean?**（テイクオーバーとは何のことですか？）
- [ ] **Are there any other fees I have to pay?**（家賃以外に支払うものはあります か？）
- [ ] **I'm looking for an apartment.**（（賃貸）アパートを探しています）
- [ ] **I saw your advertisement on the web.**（ネットで広告を見ました）
- [ ] **Is the room still available?**（部屋はまだ空いていますか？）
- [ ] **I would like to see your room.**（部屋を見に行きたいのですが）
- [ ] **Does rent include electricity, water, and gas?**（家賃に電気、水道代、ガ スは含まれますか？）
- [ ] **Does rent include Internet access?**（家賃にインターネット代は込み？）
- [ ] **Do I pay the rent by cash/bank transfer/direct payment?**（支払いは 現金 / 振り込み / 引き落としですか？）

Chapter 1-3 　銀行口座を作る

52

- [ ] **I want to open a savings account.**（普通口座を開設したいです）
- [ ] **I'd like to deposit $5,000 into my account.**（私の口座に 5,000 ドルを入 金したいです）
- [ ] **I'd like a debit card.**（デビットカードを申し込みたいです）
- [ ] **Could you explain that again?**（もう一度説明して頂けますか？）
- [ ] **When's the maturity date?**（満期はいつになりますか？）
- [ ] **May I check my balance?**（私の残高を確認できますか？）

☐ **Is there a minimum balance requirement?**（最低残高に決まりはありますか？）

☐ **I'd like to make a remittance to Japan.**（日本に送金したいです）

☐ **How much is the remittance fee?**（送金手数料はいくらですか？）

☐ **What is today's exchange rate?**（今日の為替レートはどれくらいですか？）

☐ **I lost my cash card/debit card/bankbook.**（キャッシュカード / デビットカード / 通帳をなくしました）

☐ **I'd like to close my account.**（口座の解約をしたいです）

Chapter 1-4　駅にて

🎧 53

☐ **I'll help you. Where do you want to go?**（お助けしますよ。どこまで行きたいですか？）

☐ **Where can I get tickets/a Metro Card?**（切符 / メトロカードはどこで買えますか？）

☐ **Where is the ticket window/ticket vending machine?**（切符売り場 / 切符自動販売機はどこですか？）

☐ **I want to buy a ticket to 〜.**（〜行きのチケットを買いたいです）

☐ **Could you help me buy a ticket?**（切符の買い方を教えてくれませんか？）

☐ **How much is it to 〜?**（〜まではいくらですか？）

☐ **Where does this bus/train go?**（このバス / 電車はどこ行ですか？）

☐ **When is the next bus/train?**（次のバス / 電車はいつ来ますか？）

☐ **It will come in about 〜 minutes.**（〜分くらいできますよ）

☐ **Is there a route map/timetable?**（このあたりに路線図 / 時刻表はありますか？）

☐ **Could you tell me how to get to 〜 station?**（〜駅への行き方を教えてくれませんか？）

☐ **You need to transfer to A line in 〜.**（〜でA線に乗り換えてください）

☐ **Where is the information center?**（案内所はどこですか？）

☐ **Let's ask a station attendant.**（駅員を呼んできますね）

Chapter 2-1　買い物

🎧 54

☐ **Can I cancel this item?**（この商品の購入をキャンセルできますか？）

☐ **I didn't mean to buy this.**（これを買うつもりはなかったんです）

☐ **I'd like a refund, please.**（返金をお願いします）

☐ **Can I return this item?**（この商品を返品できますか？）

☐ **Where can I find 〜?/I'm looking for 〜.**（〜はどこにありますか？ / 〜を探しています）

☐ **Can I try it on?**（試着してもいいですか？）

☐ **Do you have a smaller/bigger one?**（大きいの / 小さいのはありますか？）

☐ **How much is it?**（おいくらですか？）

☐ **I would like to get 10 of these.**（これを 10 個ください）

☐ **I'll pay in cash/by card.**（現金 / カードで払います）

☐ **Do you take cards/VISA/JCB?**（カード / VISA/JCB カードは使えますか？）

☐ **Can I have a bigger bag, please?**（もっと大きい袋を貰えませんか？）

☐ **Is it possible to keep these items here for a while?/Can I put these items on hold?**（少しの間、商品をここに取り置きすることは可能ですか？）

Chapter 2-2　病院に行く

🎧 55

☐ **My ○○ is/are ××.**（○○が××なんです）

☐ **I have 〜.**（〜があります）

- ☐ **My throat feels scratchy.**（のどがいがいがします）
- ☐ **I feel tired./I feel like I lack energy./I feel sluggish.**（体がだるいです）
- ☐ **I haven't felt well since last night.**（昨夜から体調がよくないです）
- ☐ **I can't explain it in words.**（言葉でうまく伝えることができません）
- ☐ **This is my first visit.**（これが初診です）
- ☐ **I have no appetite.**（食欲がありません）
- ☐ **I feel nauseous.**（吐き気がします）
- ☐ **I was bitten by an insect.**（虫に刺されました）
- ☐ **I have a dull ache in my head.**（頭に鈍痛があります）
- ☐ **I'm allergic to ～.**（～にアレルギーがあります）
- ☐ **I have a chronic illness called ～.**（～という持病があります）
- ☐ **I'm on my period.**（生理中です）

Chapter 2-3　家のトラブル

🎧 56

- ☐ **Why is it so important?**（どうしてそんなにそれが大切なのですか？）
- ☐ **Please let me confirm what you just said.**（再確認させてください）
- ☐ **I am so sorry for what I did.**（私のしたことを心から謝ります）
- ☐ **I think I broke it.**（たぶん私が壊しました）
- ☐ **Can you explain what happened a little more specifically?**（そのことについてもう少し詳しく説明してくれませんか？）
- ☐ **Is there a ～/Isn't there a ～?**（～はありますか？ / ～はないんですか？）
- ☐ **Can you show me how to use this?**（これの使い方を見せてくれませんか？）
- ☐ **I think ～ is broken. Can you fix it?**（～が壊れていると思います。修理してもらえますか？）
- ☐ **How much does it cost to fix it?**（それを直すのにどれくらいかかりますか？）

☐ **My neighbor's voice is really loud.**（隣人の声がすごくうるさいです）

☐ **My room smells.**（私の部屋が臭いです）

☐ **There's no hot water.**（お湯が出ません）

☐ **The toilet is clogged.**（トイレが詰まっています）

☐ **The lights don't work.**（明かりがつきません）

Chapter 2-4　語学学校探し

🎧 57

☐ **Can I observe your school?**（学校を見学できますか？）

☐ **I am an applicant for admission.**（私は入学志願者です）

☐ **I'm not a student at this school.**（私はこの学校の生徒ではありません）

☐ **Where should I go to complete the admissions procedures?**（入学手続きをするにはどこに行ったらいいですか？）

☐ **I want to make a reservation for a school tour.**（学校見学の予約がしたいです）

☐ **What kind of courses do you offer?**（どんなコースがありますか？）

☐ **Can you explain which courses I can take?**（どの授業が取れるのか教えてくれませんか？）

☐ **How much does it cost to take these courses?**（これらの授業を受けるのにいくらかかりますか？）

☐ **I want to apply for ～ class.**（～の授業に申し込みしたいです）

☐ **Are there any Japanese staff at this school?**（この学校に日本人のスタッフは居ますか？）

☐ **I don't know what my English level is.**（自分の英語レベルが分かりません）

☐ **From when can I join the courses?**（最短でいつから授業に参加できますか？）

☐ **I wonder if I can keep up with the class.**（授業についていけるか不安です）

Chapter 2-5　学校に通う

58

☐ **I went to a café/see a movie/eat dinner.**（カフェに / 映画を観に / 夕食を食べに行きました）

☐ **Nothing special.**（特に何もしませんでした）

☐ **I was just chilling out at home.**（家でゴロゴロしてました）

☐ **How about you?/What did you do?**（あなたはどうでしたか？ / あなたは何をしましたか？）

☐ **What are your plans for the weekend?**（週末の予定はありますか？）

☐ **Could you say that again?**（もう一度言ってもらえますか？）

☐ **I'm sorry but I didn't get that.**（すみません、聞き取れませんでした）

☐ **I don't understand what you mean.**（仰っている意味が分かりません）

☐ **May I ask a question?**（質問してもいいですか？）

☐ **How do you say this in English?**（これって英語で何と言いますか？）

☐ **Am I correct?**（私、合ってますか？）

☐ **Does it make sense?**（意味が通じますか？）

☐ **Could you give me some examples?**（いくつか例を頂けますか？）

☐ **Let me think for a second.**（少し考える時間をください）

Chapter 2-6　仕事を探す

☐ **Is the manager available?**（店長はおられますか？）

☐ **When is the manager available for a meeting?**（店長は何曜日に来られますか？）

☐ **Please hire me at this store.**（このお店で私を雇ってください）

☐ **When is the interview?**（面接はいつですか？）

Chapter 1

Chapter 2

Chapter 3

Chapter 4

フレーズ一覧

日本語訳

- [ ] I can begin working as soon as you're ready for me to start. （いつからでも働けます）
- [ ] Tell me about yourself. （自己紹介してください）
- [ ] Thank you for taking the time to meet me today. （今日はお時間をお取りいただきありがとうございます）
- [ ] I am motivated and passionate about my work. （私は仕事熱心でやる気のある人間です）
- [ ] Why are you interested in working at this café? （どうしてこのカフェで働こうと思ったのですか？）
- [ ] I've been working as a barista for 6 months. （6 カ月間バリスタとして働いていました）
- [ ] I like the atmosphere of this café. （このカフェの雰囲気が好きです）
- [ ] What are your weaknesses? （あなたの弱みは何ですか？）
- [ ] I am critical of my own work. （自分の仕事に対して厳しすぎることです）
- [ ] Have a certification in 〜. （〜の資格を持っています）
- [ ] I would like to know the outcome of our interview. （面接の結果が知りたいです）

Chapter 2-7　働く

🎧 60

- [ ] Please make time to talk with me. （私と話す時間を作ってください）
- [ ] There is something we have to check in the contract. （契約書について確認したいです）
- [ ] Give me a pay slip. （給与明細をください）
- [ ] That's not what I heard. （話が違います）
- [ ] I will consult with the fair work ombudsman. （フェア・ワーク・オンブズマンに相談しに行きます）
- [ ] I'm going to sue you. （あなたを訴えます）

- [ ] **Today is my first day here.**（今日からここで働きます）
- [ ] **I'm looking forward to working with you.**（あなたと働くのが楽しみです／よろしくお願いします）
- [ ] **I've left the file on your desk.**（ファイルを机の上に置いておきました）
- [ ] **I guess I'd better be going.**（そろそろ帰ります）
- [ ] **May I come in?**（入ってもいいですか？）
- [ ] **I'll be back at 12:00/in 10 minutes.**（12時に戻ります／10分以内に戻ります）
- [ ] **What should I do next?**（次は何をすればいいですか？）
- [ ] **I will take a day off on ～/a paid vacation on ～.**（～に休みを取ります／有休をとります）
- [ ] **I'm going to take a lunch break outside.**（外でランチ休憩してきます）

Chapter 3-1　油断大敵！ 置き引き被害

🎧 61

- [ ] **I need to get a certificate of theft to make an insurance claim.**（保険の申請のため、盗難証明書が必要です）
- [ ] **I was at ～.**（～にいました）
- [ ] **I was doing ～.**（～をしていました）
- [ ] **I left my seat for about 5 minutes.**（5分ほど席を離れました）
- [ ] **There was a man wearing a hat and a black t-shirt next to my seat.**（帽子をかぶって黒いTシャツを着ている人が私の席の隣に座っていました）
- [ ] **It is a small red bag.**（赤くて小さい鞄です）
- [ ] **My wallet, passport, and smartphone were in it.**（財布とパスポートとスマートフォンが入っていました）
- [ ] **Please call me if you find out something. My number is ～.**（何か見つけたら電話してください。番号は～です）

Chapter 3-2　文化の違い？　シェアメイトとの確執

☐ **We should make basic house rules.**（基本的なハウスルールを決めましょう）

☐ **Do not enter a private room without permission.**（勝手に部屋に入らない）

☐ **Be careful not to make too much noise.**（大きな音を出さないよう気を付ける）

☐ **Keep the shared space clean.**（共有エリアは綺麗に使う）

☐ **Could you ask us beforehand if you are not certain about something?**（わからないことがあったら先に聞いてね）

☐ **Whose is this?**（これだれの？）

☐ **It's your turn to ～.**（あなたが～する番だよ）

☐ **Please clean up your mess.**（あなたが汚したものは片付けて）

Chapter 3-3　天気をなめたら痛い目を見る

63

☐ **Could you tell me things to be careful about when it comes to the weather?**（天候について気をつけることを教えてください）

☐ **How is it different from Japanese weather?**（日本の天候とどう違いますか？）

Chapter 3-4　郷に入っては郷に従え　お酒のルール

64

☐ **Can we drink alcohol here?**（ここでお酒を飲むことはできますか？）

☐ **I can't drink much.**（たくさんは飲めないの）

☐ **I get drunk easily.**（すぐ酔っぱらうんだ）

☐ **I don't feel good.**（気持ちが悪いです）

☐ **Where is the bathroom?**（トイレはどこですか？）

☐ **I feel like throwing up.**（吐きそうです）

Chapter 3-5　私が彼女じゃなかったの!?

🎧 65

☐ **Are we dating?**（これは（交際前提の）デートだよね？）

☐ **Are we serious?**（付き合っているんだよね？）

☐ **You are my love.**（あなたは私の愛のすべて）

☐ **I'm all yours.**（私の全部はあなたのもの）

Chapter 3-6　友達100人、できません

🎧 66

☐ **What brings you here today?**（今日は何しにここへ来たの？）

☐ **Where are you from?**（どこから来たの？）

☐ **You have a nice shirt on.**（素敵なシャツ着てるね！）

☐ **Can I join?**（混ざってもいい？）

☐ **What are you drinking?**（何飲んでるの？）

マンガ日本語訳

Chapter 1-1

① 次の方！
② 訪問の目的は何ですか？
　勉強です。
　どれくらい滞在しますか？
　6 カ月間です。
③ どこに滞在しますか？
④ えっと…ああ…
⑤ 学生ですよね。滞在場所がないんですか？
　本当にホームステイするんですか？

成功例

① どこに滞在しますか？
② スマホを見てもいいですか？　住所はそこに書いてあります。
　もちろん、どうぞ。
③ ここに滞在します。

Chapter 1-2

② 部屋の内見をさせてください。
　もちろん！
④ この部屋を借ります。
⑤ テイクオーバー 800 ドル？
　はい！高くないですよ！
⑥ ああ…わかりました…

成功例

① この部屋を借ります。
② 契約内容の確認をしたいです。家賃以外に支払うものはありますか？
③ これが契約書です。テイクオーバーを払っていただく必要があります。

テイクオーバーとは何のことですか？　契約書には 800 ドルとありますが。
テイクオーバーは…

Chapter 1-3

成功例

① こんにちは。どういったご用件ですか？
口座を解説したいのですが。
② どのタイプの口座ですか？
普通口座を開設したいです。
③ わかりました。このフォームにご記入いただけますか？
はい。

Chapter 1-4

① すみません。
この機械の使い方を教えてもらえませんか？
② いいですよ…

成功例

① すみません。
この機械の使い方を教えてもらえませんか？
② ナショナルミュージアムに行きたいんです。
お金を入れて… ああ、待って。この機械、壊れているみたいです。
③ どうすればいいですか？
駅員さんに聞いてみます。

Chapter 2-1

③ 合計で 80 ドルです。

④ 待って！

⑤ どうしました？

⑦ …なんでもないです。

成功例

① どうしました？
えっと…

② これを買うつもりはなかったんです。この商品の購入をキャンセルできますか？

③ 大丈夫ですよ。では、70 ドルになります。
ありがとうございます！

Chapter 2-2

③ 今日はどうされましたか？
風邪をひいた気がします。

④ どんな症状がありますか？

成功例

① どんな症状がありますか？

② のどがいがいがして、体もだるいです。

③ なるほど。いつからそれらの症状がありますか？
昨夜から体調がよくないです。

Chapter 2-3

② 旅行に行こうよ！

③ この家はセントラルヒーティングを使っています。寒い日は絶対にヒーターを消さな

いでください。

① この家はセントラルヒーティングを使っています。寒い日は絶対にヒーターを消さないでください。
② はい、でもどうしてそんなにそれが大切なのですか？
③ もしヒーターを消したら、配管が凍ってしまうんです。
　　わあ、わかりました！

Chapter 2-4

③ あの、なにかお探しですか？
④ ああ、いいです。大丈夫です。
⑤ すみません、許可なく中へは入れませんよ！

① あの、なにかお探しですか？
② 学校を見学できますか？
　　入学希望の方ですか？
　　はい、そうです。
③ わかりました、ここに名前を書いて、見学の間はこの入館許可証をつけてください。
　　はい！

Chapter 2-5

① みなさんおはようございます。週末は何をしましたか？
② ビーチに行きました。
　　ピンポンをしました。
④ うーん…わかりません。

Chapter 1

Chapter 2

Chapter 3

Chapter 4

フレーズ一覧

日本語訳

① うーん、特に何もしませんでした。
② おや、そうなんですか？
えーっと、家でゴロゴロしてました。
③ じゃあ、リラックスしていたんですね。いい週末ですね！

Chapter 2-6

③ 私の履歴書を店長に渡していただけませんか？
⑦ 私の履歴書は受け取られましたか？
⑧ 知りませんよ。

① 私の履歴書を店長に渡していただけませんか？
② 店長はいつ来られますか？　いつからでも働けますとお伝えください。
③ 店長は明日来ますよ。あなたのことを伝えますね！

Chapter 2-7

③ 私の給料が間違っていると思います。
なら、次の給料日に差額を支払うね。
⑤ あの…私のお給料について話したいんですが…
今忙しいんだ。あとで話そう。

① すみません、私のお給料について話したいんですが ...
今忙しいんだ。あとで話そう。
② 契約書について確認したいんです。
時間を作ってもらえないなら、フェア・ワーク・オンブズマンに相談しに行きます。
③ わかったよ、サヤ。今日の仕事の後に話そう。

Chapter 3-1

④ すみません、ここにあったカバンを見ませんでしたか？
　ごめんなさい、見てません。
⑥ 私のカバンが盗まれたんです！
　もう少し詳細を説明していただけますか？

Chapter 3-2

① 何かルールは？
　ないわよ！
③ 誰でも使っていいものだと思ったの。
④ 勝手に私の調味料を使わないでよ！
⑤ 名前を書いとくべきでしょ！

Chapter 3-3

① ビーチに行こう！
③ 日焼け止めを使った方がいいよ。
④ 日本で日焼け止め使ったことないから。大丈夫だよ！
⑤ 日焼けがひどくて動けない…
　まあ…

Chapter 3-4

④ すみません、お酒を飲んでいますか？
⑤ 公共の場での飲酒は違法だとご存じですか？　警察書に一緒に来てください。

Chapter 3-5

① 次の週末出かけない？
いいよ！
④ なんであの子とデートしてるの？
⑤ えっと、君とはただの友だちだと思ってたんだよ。

Chapter 3-6

③ こんにちは…
② やあ！

Chapter 3-7

② 彼は忙しいと思う。
雨が降ると思う。
君は正しいと思う。
④ あなたは正しいと思います。
⑤ 思う？　確信がないってことですか？

Chapter 1
Chapter 2
Chapter 3
Chapter 4
フレーズ一覧
日本語訳

おわりに

「のどまで出かかっているのに、あのフレーズが出てこない」
「相手が言っていることはわかるけど、自分が言いたいことは英語にできない」
「ちゃんと英語を伝えているのに、真意が伝わらない」

私もアメリカ留学中に、このような経験をたくさんしました。最初は「失敗は恥ずかしい」と考えていましたが、「日本語が通じない環境でチャレンジするために留学しているんだから、失敗しない方がおかしい」という考え方になってからは、間違いを恐れず積極的に発言できるようになり、それに合わせて英語力もぐんぐん伸びていきました。

ちょっとしたきっかけで、人は大きく成長できます。この本が、皆さんにとってのきっかけになれば幸いです。

日本ワーキング・ホリデー協会　真田 浩太郎

監修者プロフィール

一般社団法人 日本ワーキング・ホリデー協会

日本ワーキング・ホリデー協会では、日本政府・各国大使館と連携をとり、グローバル人材育成のため、ひとりでも多くの方にワーキングホリデービザを利用した留学を知ってもらうために毎日無料セミナーを開催し、ビザ申請のサポートや語学学校のお申込み、現地に到着してからのサポートなど、さまざまな形で皆さまのワーキングホリデー＆留学をサポートしております。

HP：https://www.jawhm.or.jp/

真田 浩太郎

1988 年、広島生まれ。日本の高校を卒業後、アメリカ ニューヨーク州立大学へ留学。専攻は獣医科。大学卒業後、留学中の経験を活かし、これから留学やワーキングホリデーを経験される方をサポートしたいと考え、日本ワーキング・ホリデー協会のスタッフとなる。現在は同協会の広報として活動中。

「まずは場面ごとに使える英会話フレーズを覚えて、そこそこ英語を身につけよう」をモットーとした、さまざまな英語フレーズや英語の勉強法を紹介するブログ「KOTANGLISH」を運営中。

ブログ：https://kotanglish.jp/

取材協力　駐妻カフェ
https://cz-cafe.com/

暮らす英語

2020 年 10 月 14 日　初版　第 1 刷発行

監修	一般社団法人 日本ワーキング・ホリデー協会
発行者	天谷 修平
発行	株式会社オープンゲート
	〒 101-0051 東京都千代田区神田神保町 2-14　SP 神保町ビル 5 階
	TEL：03-5213-4125　FAX：03-5213-4126
印刷・製本	精文堂印刷　株式会社
装丁・本文デザイン・DTP	株式会社　シー・レップス
執筆	佐伯 亜希（株式会社　シー・レップス）
マンガ・イラスト	萩原 まお
録音・編集	ELEC 録音スタジオ
ナレーション	Dominic Allen, Karen Haedrich
英文校正	Brooke Lathram-Abe

ISBN 978-4-910265-02-5 Printed in Japan
© 2020 JAPAN Association for Working Holiday Makers